U0909601

旧制度与大革命

人人看得懂，经典易读版

[法] 亚历西斯·德·托克维尔 著
马晓佳 译

湖南人民出版社 博集天卷 CS-BOOKY

图书在版编目（CIP）数据

旧制度与大革命：人人看得懂：经典易读版/
（法）托克维尔（Tocqueville，A.）著；马晓佳译. —
长沙：湖南人民出版社，2013.5
ISBN 978-7-5438-9392-4

Ⅰ. ①旧… Ⅱ. ①托… ②马… Ⅲ. ①法国大革命－研究②史评－法国－近代 Ⅳ. ①K565.41

中国版本图书馆CIP数据核字（2013）第112084号

旧制度与大革命：人人看得懂：经典易读版

作　　者：［法］亚历西斯·德·托克维尔
译　　者：马晓佳
出 版 人：谢清风
责任编辑：胡如虹
监　　制：陈　江　毛闽峰
策划编辑：李　娜
特约编辑：杨　旸
营销编辑：袁　玥

出版发行：湖南人民出版社［http://www.hnppp.com］
地　　址：长沙市营盘东路3号
邮　　编：410005
经　　销：新华书店

印　　刷：北京天宇万达印刷有限公司
版　　次：2013年7月第1版
　　　　　2013年7月第1次印刷
开　　本：700mm×1000mm　1/16
印　　张：17.5
字　　数：220千
书　　号：ISBN 978-7-5438-9392-4
定　　价：32.00元

（若有质量问题，请致电质量监督电话：010-84409925）

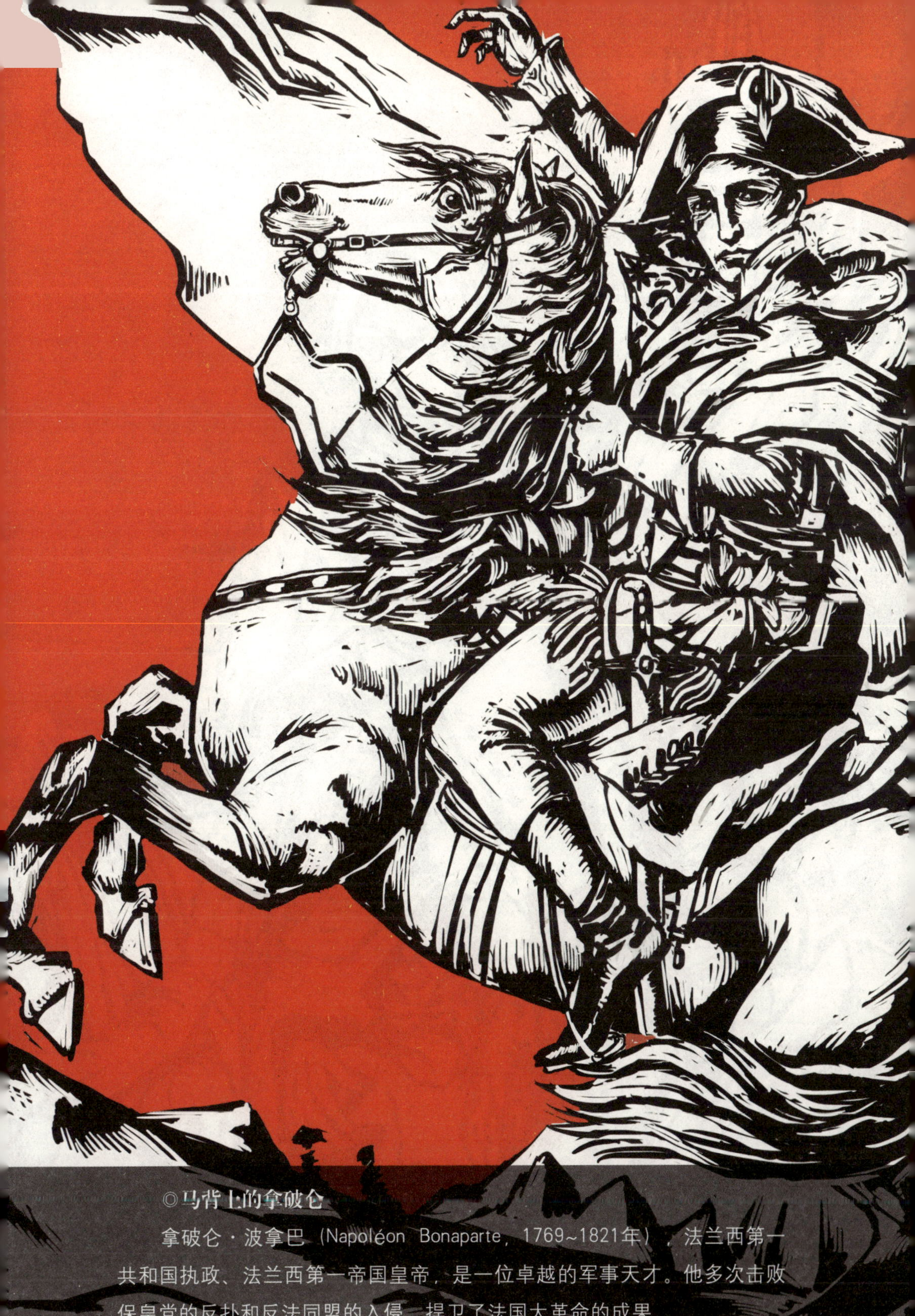

◎马背上的拿破仑

拿破仑·波拿巴（Napoléon Bonaparte，1769~1821年），法兰西第一共和国执政、法兰西第一帝国皇帝，是一位卓越的军事天才。他多次击败保皇党的反扑和反法同盟的入侵，捍卫了法国大革命的成果。

◎网球厅宣誓

1789年6月20日，法国国王路易十六因反对将三级会议改为国民会议而封闭了会场。第三等级代表即在会场附近的网球场举行宣誓：在宪法未制定以前，决不离开。史称“网球厅宣誓”。

◎**攻占巴士底狱**

巴士底狱长久以来被当作是法国专制王朝的象征。1789年7月14日，巴士底狱被攻占，代表着法国资产阶级革命的正式爆发。

◎路易十六向宪法宣誓

自巴黎人民攻占巴士底狱后，路易十六迫于形势，表面上不得不接受革命现实，背地里却进行破坏。1791年9月，路易十六被迫向宪法宣誓。

◎《马塞曲》的诞生

1792年4月25日，克洛德·约瑟夫·鲁日·德·李尔在家中创作了《马塞曲》。1795年7月14日，法国督政府宣布定此曲为国歌。1879年、1946年以及1958年通过的三部共和国宪法皆把《马赛曲》定为法兰西共和国国歌。

◎罗伯斯比尔被送上断头台

1794年7月28日清晨，已经成为孤家寡人的罗伯斯比尔和圣茹斯特、库东等雅各宾派的主要领袖一起被送上了断头台。在“国家剃刀”前的那一刻，罗伯斯比尔感受到生命的脆弱。

译者序

这不是一部学术作品

我受委托翻译本书，是在2011年11月，出版社一直没催，过了差不多一年的时间后，突然催我加快进度。我纳闷这是怎么了。原来，2012年11月，王岐山主持反腐会议时，对在会的专家们推荐说："希望大家看一下《旧制度与大革命》。"

我觉得，托克维尔是个值得尊敬的人，他写的书，也是值得尊敬的书。托克维尔的价值，不会因为王岐山的推荐而有一丝增加，也不会因为有人污蔑而减少分毫。王岐山不是唯一一个喜欢这本书的人，也不会是最后一个；中国人不是第一个喜欢这本书的民族，也不会是唯一一个。《旧制度与大革命》一直是一本好书，我能做的，只是把这本好的外文书，变成一本能看懂的中文书，让读者不需要专业的历史知识辅助就能读懂，这就够了。

我要重点强调的是，《旧制度与大革命》不是一本学术著作，而是大众读物，这就是为什么它在欧洲大陆一举蹿红的原因。什么是蹿红？就是街头巷尾都在读。你一定感到很奇怪，为什么一本讨论历史的、思想深刻的著作——不是一本学术著作——能被人们广泛阅读呢？原因是这本书原文的风格。

思想深刻的著作，大多会成为学术著作，容易局限在一个小圈子里，不能像托克维尔的作品一样为人所知。很多经历过历史考验的著作，不仅没有淹没在象牙塔里，还抵抗住了时间的冲刷，其过人之处，往往在于作品的风格易于被人接受。拿托克维尔来说，其文风犀利、幽默，措辞严谨但通俗，句式长短交错，富于韵律感。读《旧制度与大革命》时，你会觉得很有意思，并不像读学术作品那样，让人有昏昏沉沉的感觉。

其实，被中国人贴上“学术著作”标签的，不仅仅是这一本书，不管是《资本论》还是《论公民的不服从》，不管是《梦的解析》还是《美学三论》，这些拉丁语系的著名作品，原文都是很好懂的，其本身也都是给一般大众看的，英法德美人不需专业背景知识就能品读。

那么，为什么我们又把很多在国外定位为大众的读物，贴上了“学术读物”的标签呢？这自然是被其主题蒙蔽了，因为在中国人眼里，深刻的主题，就必须是晦涩难懂的学术著作，而在外国人眼里，主题越深刻，就越不能用学究的语气来讲。所以，主动阅读和能够享受思想深刻作品的欧美人远多于中国人，仿佛欧美人的整体学术素质很高，都能把学术作品当消遣。

当然，学术内容必须贴上大众风格是欧洲作家的做事风格。欧洲作家之所以有这样的风格，是因为他们著书立说的目的，就是为了引导大众思想潮流，而不像中国学者一样，为了做学问而做学问，才不管什么国民思想呢。这是中国人和欧洲人的学术倾向的问题，目的不同，风格自然不同。

然后我要说的是，外国作品的汉译问题。既然写作本书时，托克维尔的文风不是学术风格，所以能引导国民思想，那么，为什么汉译本都是学术风格，根本无法触及大众呢？如果托克维尔能够给深刻的思想配上幽默、犀利的文字，也就是给深刻的内容穿上可读性的外衣，那么，为什么没有多少中国人会主动喜欢这样的著作呢？当然，这也是汉译风格的问题。很多外国经典著作，在翻译之前，已经被翻译者和大部分人认为是学术著作，在翻译的时候，即使感受到了原文的气息，也是不敢贸然遵从原文风格的。是遵从国内的学术风格，还是遵从原文的大众风格？这是个胆量的问题。而我是个大胆的人，我更看重的是读者的阅读体验，也更尊重作者的本来意图，但是我又认为自己的能力确实有限，能让读者不需要专业背景知识就能读懂，这已经是我能力的极限了。能把这部思想深刻、文风犀利的作品，翻译得像外国人看外语原版一样不费劲儿，暂不提它的幽默和犀利，其实把它从无人问津的学术书架上拉下来，就是我一直追求的目标，能做到这一点，我就已经很满足了。

其实《旧制度与大革命》早就被翻译过了。我说的不是翻译成英语、德语、西班牙语等，而是翻译成中文。比较早的是中央编译出版社、三联书店和商务印书馆的法语译书馆主任冯棠先生的译本，其中，最受人尊敬的是商务印书馆的版本。我想王岐山、任志强、潘石屹、许小年这些人看的，就应该是这些版本。但是，可能是时代的原因，中央编译出版社和三联书店的版本已经无处购买，而冯棠先生的译本貌似学术味儿太浓，否则重新再译也就没有什么价值了，这也是我为什么坚持慢慢悠悠地翻译本书的原因。当然，我知道，即使下再大的功夫，回头再看仍会发现很多错误，别说三五年之后再返回来看，只过一个月再回头来看，也会发现很多值得改进甚至更正的地方，就算读者发现不了，我自己也会发现。因为艺术都是不完美的，翻译也是一门艺术，需要不断精进。

托克维尔最有名的著作是他早年的《论美国的民主制》，此书让他一举扬名欧洲各国，被称为欧美思想界的奇才。后来，他担任过法国的外交大臣，相当于现在的外交部长，但是他逐渐发现自己和政界的氛围不太搭调，所以就淡出政界，专心著书了，《旧制度与大革命》就是这时候写的。

《旧制度与大革命》比《论美国的民主制》要深刻得多，但毕竟越深刻的作品受众就越少，所以它的名气也比《论美国的民主制》要小得多。湖南文艺出版社早就出版了《论美国的民主制》，翻译工作交给了别人，也许是因为我才智不足，所以才被分配了这本较为不出名的作品吧。但是我还是很喜欢这本书，因为它的魅力和《论美国的民主制》完全不同。

《旧制度与大革命》的魅力首先在于普适性。一个法国人，写别人的国家的事情，只会引起读者的好奇心；一个法国人，写自己国家18世纪的事情，则引起了共鸣。牛津大学校方指定本书为基础教材，这个传统已经持续了100多年未变，这说明它在英国引起了共鸣；1979年纽约成立了托克维尔学会，《旧制度与大革命》被列在《论美国的民主制》之前，而且自艾森豪威尔以来，历届美国总统都会引用他的话，这说明它引起了美国人的共鸣；现在大家争相阅读《旧制度与大革命》，这说明它引起了中国人的共鸣。

其次，普适性来源于深刻的思想。旧制度灭亡了，法国人举国欢庆——法兰西民族获得了新生！仿佛法国历史被大革命一刀切开，所有新的都是好的，所有旧的都是坏的，盲目的乐观下，没有人肯静下心来仔细看看旧制度到底坏在哪儿，新制度到底好在哪儿。托克维尔不一样，他是当时唯一一个思考新旧制度的人。当他静下心来仔细观察新旧两个社会，竟然惊讶地发现：大革命根本不是革命党人努力的结果，而是旧制度自身酝酿出来的；旧制度的劣根被原封不动地移植到了新制度中；大革命砍了路易十六的脑袋，消灭了贵族阶级，但取而代之的新贵族贪婪暴虐，远比不上法皇和旧贵族的英明和仁慈……

这到底是为什么呢？托克维尔寻根究底，终于发现，原来法国人还是那帮法国人，而法国是由一个个的个体组成的，所以，法国还是那个法国，它根本就没有变！大革命后，法国人仍然痴迷做公务员；大革命后，农村和城市依然截然分开；大革命后，权力依然集中，法律依然没有地位，行政效率依然低下，贫富之间依然判若云泥……

托克维尔看到好处，也看到坏处；看到新旧制度的共同和不同处，也看到新旧制度的继承性和革命性……所以，他中立而平和地提供了一个个视角、一幅幅画面、一层层色调，而不是一个视角、一幅画面、一个色调。于是，旧制度和大革命成了立体的全彩画。纯唱赞歌或纯粹唾骂，那都是不理智的。所以，读《旧制度与大革命》是对思想的磨砺和拓展的过程，是一种享受，且让人机警。这才是培根推崇的“读史使人明智”的那种历史。

最后要说的是本书的编排问题。

1. 关于目录。原书是没有目录的，但没有目录就显得光秃秃的，所以我加上了一个目录。原书正文各章都有一个比较长的导语，很多版本都把导语用作中文的标题，显得非常不美观。所以，本书另拟标题，原导语出现在标题后，作为正文的第一段。

2. 关于注释。原书有很多注释，较短的注释放在文中，为脚注；篇幅较大的放在最后，为尾注。原书分为两部分，所以尾注分别放在两个地方，大部分尾注实际上不是注释，而是岔题（digression），也就是插不进行文中的发散性内容。比如背景知识、法国和他国状况的比较等。我个人在阅读本书时，发现并不需要这些尾注的帮助，所以在编排时去掉了。

前言
这不是历史

我现在出版的这本书，不是一部法国大革命史，因为史书已经有人写过了，而且写得非常精彩[①]，所以重写一遍，我是想都不敢想的。我所翻译的这本书，只是关于大革命的一篇评论性文章而已。

1789年，法兰西民族以其他任何民族都没有做出的努力，把自己的历史一刀截成了两段，一道鸿沟豁然裂开，把过去和未来一分为二。为了达到这个目的，他们把旧世界抛在身后，小心谨慎地清点新世界，就怕新

① 指梯也尔的《法国革命史》。路易·阿道夫·梯也尔，法国政治家、历史学家。历史对他的政治生涯的评价极低，尤其以马克思和恩格斯的评价最为负面，但其在历史学方面的造诣在当时首屈一指，其所著《法国革命史》是研究大革命的必读物和最有参考价值的著作。——译者注

世界里留下旧世界的蛛丝马迹。他们给自己强加了各种各样的规矩，显得自己和祖先们完全不同，任何伪装手段都不放过。

法国人觉得自己伪装得不错，外国人也普遍认为他们做得很好，但我一直认为，在这项事业里，他们并不十分成功。我一直相信，他们无意识地保留了在旧制度中沾染的大部分情感、习惯和思想，也正得力于这些情感、习惯和思想的帮助，他们才完成了大革命的壮举。虽然不是有意的，但他们正是用旧制度的废墟作为材料来建筑新社会的。所以，看起来，要正确研究大革命，就必须暂时忘记眼前的法国，扒开坟墓去细看过去的法国。这就是本书中我将努力完成的任务，虽然这个任务比我想象中要艰苦得多。

很多历史都被彻底地研究过，包括君主制的早先时期、中世纪时期和文艺复兴时期，把那些时期作为研究对象的作家们，通过辛勤的努力，让我们对历史事件耳熟能详，而且，我们还能了解当时的法律、风俗、政府精神和民族精神。但是，至今还没人打算同样仔细而严密地研究18世纪。我们自认为十分熟悉18世纪的法国社会，因为我们能清晰地看到它表面闪耀的光芒，我们有18世纪所有大人物的详细传记，有18世纪风行一时的大作家们的作品，还有针对这些著作雄辩而极富智慧的书评。但是，关于细节方面，我们的认识却非常模糊，甚至常常是错误的，比如社会公共事务的处理方式，制度的实际运作方式，社会各阶级之间的真正关系，被漠视的、没有话语权的阶级的真实情感和感觉，以及当时的舆论风尚的真正样子。

深探旧制度的心脏花了我很多的工夫，因为大革命把旧制度藏了起来，虽然在时间上它离我们很近，也就几年。但是稍不注意，就根本无从寻找。

为了顺利完成任务，我阅读了18世纪著名的文字记录，而且仔细研究了很多相对来说没那么有名的文字记录。这些档案不出名是很有道理的，因为大多没有什么文采，但正因如此，也许能提供更真实的线索，能反映那个时代的真正精神。我仔细研究了所有的公开文件，大革命来临前，法国人正是用这些公开文件表达自己的主张和意见的。在这方面，我仔细阅读了三级会议和后来的省议会的报告，并获得了大量信息。我有权随意使用三个等级在1789年呈交的陈情书。那些陈情书的原稿是一大系列多卷本的文件，永远都是法国旧社会留下的契约，是旧社会愿望的终极表达，是它遗愿的真实陈述。它们是独一无二的历史档案。

◎法国的三级会议

但我没有把我的研究范围局限在公共文档里。在皇权至高无上的国家里，如果思想、愿望、痛苦不以某种形式陈列在最高权力面前，它们就不算存在。而且，如果不在适当的时机赤裸裸地暴露在最高权力面前，也很难引起兴趣，唤起情绪。这类文件[①]不仅使行政过程暴露无遗，还能反映出国家的整体动向。如果一个外国人可以随意查看内政部[②]和各辖区的卷宗，

① 当时的法国中央集权，地方政府没有权力或权力很小，所以诸如修葺某村教堂等细小的地方杂事都要交由中央政府裁决和审批，由内政部负责。下文中有详细交代。——译者注

② 也就是当时法国的国务院。——译者注

他马上就能理解法国，比我们自己理解得更深刻。18世纪时的政府[①]已经[②]高度集权，十分强大，而且惊人地活跃，仔细阅读本书也能看清这个事实。政府要干的活特别多，它总是在马不停蹄地持续运作，批准这个，不批准那个。它要批准很多事情，它对全国施加全面的影响力，不仅掌控商业运作，还掌控着家庭和私人生活的方方面面。因为最高权力的这些事务是从不公开的，所以人们也不忌讳向它倾诉自己最隐秘的私事。[③]

我花了很长时间研究巴黎和各省遗存的档案。[④]就像我预料的那样，我在这些档案里发现了真实的旧制度，它的思想、它的激情、它的偏见和它的行为。我发现了用自己的语言随意袒露最隐秘想法的人们，所以我看到了很多旧制度时的人们都不知道的信息，因为我看到的这些信息源对他们是封闭的。

随着我不断的努力，我非常吃惊，因为我居然发现当时的法国与今天的法国有许多相似的显著特征。我在这些文件里发现了一丛丛的情感、思想和习惯，而那些情感和思想，我一直认为是大革命的功劳，那些习惯，人们一直认为是大革命形成的。我发现现代社会的方方面面无不深深地植根于旧土壤。越接近1789年，我越清晰地意识到那种精神，那种引起大革命的精神；越接近1789年，一场革命的面貌逐渐展现在我的面前，越来越真切，而且它的情绪和特点都非常明显，一目了然。我不仅从中看到了革命会怎么开始，而且还预测到了它最终的结果。革命会分成两个截然不同的阶段：第一阶段，法国人仿佛要摧毁过去的一切渣滓残余；第二阶段，

① 此处指中央政府。——译者注
② 法国大革命后新成立的政府也高度中央集权，所以此处有“已经”一词。——译者注
③ 比如妻子不忠要休妻，但手头又不宽裕，所以申请一项资金续弦。
④ 一些较大的总督办公室的档案对我尤其有用，比如图尔（Tours，法国中部城市）的档案就非常完备，它囊括了一个很大的行政辖区，坐落在法国中部，有一百万人口。我要向保存这些档案的格朗迈松（Grandmaison）先生致谢，他很年轻很能干。其他的，比如法兰西岛（Ile de France）的总督办公室，让我充分相信整个王国的大部分地区都是按同样方式办事的。——原注

法国人努力把扔掉的一部分重新找回来。1789年，旧制度的许多法律和政治习惯消失了，几年后又重新出现，就像某些河流会在某段流域沉入地下，然后又在下游某处重新出现，冲刷着新岸的，还是之前的旧水。

我把这本书呈献给大家，主要是为了说明，为什么威胁整个欧洲所有国家的大革命会在法国爆发，而不是其他国家；为什么大革命在其即将摧毁的旧社会里生成，且这个生成过程是自动的；为什么旧王朝努力奔向毁灭，突然而彻底地崩塌了。

写这本书的目的也不仅限于此。我打算追溯法国人在这场漫长革命中的起伏兴衰，如果我的努力和时间没有让我失望，我就成功地追溯到了。我曾和这些人共同在旧制度下生活，经历相似，我看到他们扔掉在旧制度中获得的皮相，根据新的形势换上新的皮相，来掩盖他们从未改变的本质，变一下表情，把我们熟悉的旧五官完全伪装起来。

我会先回顾1789年那一段时期，那时法国人的情感只有两部分：对平等的热爱和对自由的热爱。那时他们渴望建立自由民主的制度，要摧毁各种特权，要确立和确认各种权利，那是青春、热情、骄傲、慷慨和真诚的年代。虽然那时出现过很多错误，但人们将永远铭记它，而且在很长一段时间里，它让所有企图腐蚀和奴役法国的人睡不安稳。

对大革命做快速素描时，我会努力展示那时到底出现了哪些错误、失误和令人叹息的事情，导致法国人最终放弃了自己的初衷，忘记了自由的要义，只想在世界的主人①面前做平等的奴隶；一个比大革命推翻的制度更加强大和专制的政府，是如何夺取和集中所有的政治权力，压制以昂贵代价换来的所有自由，并让自由只剩下空洞虚假的幻影的；新政府是如何一边高谈民众权利至高无上，一边把选举人不可剥夺的知情权、集会权、选举权、公开言论自由权剥得一干二净的；新政府是如何操纵傀儡议会或哑巴议会通过税案，却把增税吹嘘为自主投票的；新政府是如何一丝不剩地

① 指权力。——译者注

剥夺了国民自治权，宪法保证权，思想、言论、出版自由权——也就是1789年取得的最珍贵、最崇高的成果——还居然以那个伟大时代的后裔自居。

在名义上的大革命结束、新社会建立时，我会暂时停下脚步，致力于研究这个新社会。我会尽力去寻找它和旧社会到底哪里不一样，哪里一样，搞清楚在这场宇宙地震一般的社会变革中，我们得到了什么，失去了什么，最后试着去预测我们的未来。

本书分为两部分，第二部的下文中有一部分已经草拟，但尚不适宜示人。我能否完成它呢？谁知道！个人的命运比民族的命运更扑朔迷离，难以预测。[①]

我相信自己在写本书时没带偏见，但我不能说自己没带情绪。一个法国人在讨论自己的祖国时不可能保持平静，思考他的时代时，也不可能无动于衷。我承认，在研究旧社会的各个特征时，当下的法国社会一直浮现在我的眼前。我努力工作，不仅要弄清病人是如何死的，而且要发现当时如何做能使他免于一死。我的研究工作，就像有些医生努力激活每个瘫痪的器官，给它注入新的生命力一样。我的目的，一方面是要绘制一幅精确同时又有指导意义的画面。我总能在先辈身上找到一些阳刚美德，我们已经丧失却又极其需要的阳刚美德，比如真正的独立精神、对伟大的品位、对自身和自身事业的真正信仰，我便把它们突出出来；另一方面，当我在旧法律、思想和社会习惯中发现邪恶，那些摧毁了旧社会并削弱现在的我们的邪恶，我也会重点强调它们，这样，暴露旧社会的邪恶，使新社会在未来引以为戒。

我承认，为了达到这个目的，我没有允许自己瞻前顾后，怕伤害一些人、一些阶级，怕震撼某些观点和记忆，但无论他们和它们多么令人尊重，我都不允许自己害怕。在该过程中，我常怀歉意，但从不后悔。但愿

① 托克维尔确实没有第二本书的后续部分。——译者注

那些被我冒犯的人，能因为我本意是真诚无私的而饶恕我。

这本书里充满了对自由的热爱，热度有些不合时宜，所以可能会被送上法庭，因为我相信法国人早不在乎什么是自由了。

对那些急着起诉我的人，我只能说，我对自由的情感早已有之，二十多年前我就开始动手写了，那时候针对旧法国所写的有关自由的文字，几乎可以照搬成为现在对新社会的描述。

在未来的黑暗中，可以很容易分辨出三个真理：第一，一种无名的力量驱使着今天所有的人去摧毁贵族制度，这力量或缓或急，可以被调整或规范，但不可战胜；第二，所有人类社会中，正是那些贵族阶层已不复存在或不可能存在的社会，最难摆脱甚至不能丝毫摆脱专制；最后，在这种性质的社会中，暴政产生的破坏力最大，因为没有贵族阶层的社会内藏滋生邪恶的倾向①，而专制暴政这种统治形式最有助于滋生社会邪恶，所以能使其故有存在的邪恶倾向发挥得淋漓尽致。

当人们之间不再被种姓、阶级、地域或家族扭结在一起，他们就只能关注自己的个人利益了，他们裹在狭隘的利己主义之中，公共美德只能窒息而死。专制不会反对这种社会性格，反而使其发挥得淋漓尽致，不可抗拒，因为专制会剥夺公民所有的共同情感、对彼此的情感需要、相互理解的能力和共同行动的机会；专制使人成熟，如果可以这样说的话，如果自私自利也叫成熟的话。法国人本来就有彼此远离的倾向，专制则使他们把自己孤立起来，法国人曾经冷眼旁观同胞的疾苦，现在，专制则使他们的灵魂结冰。

在这样的社会里，阶层之分并不明显，人们被欲望刺激着拼命往上

① 有国学基础的人，理解起这个地方来会更加容易一些。托克维尔眼里的贵族阶级，就像中国的士大夫阶层一样。士大夫阶层被称为中国封建社会的“良心”。士大夫阶层的兴衰，恰恰和每个朝代的兴衰基本步调一致，所以有“士大夫兴，则天下兴；士大夫亡，则天下亡”的说法。如此，法国的贵族阶级消失，就像中国的士大夫阶层消失一样。——译者注

◎法国贵族夫人的装束

爬，对下降充满恐惧。金钱成为区分阶层的主要标志，也区分人与人。金钱在不停流动，不断转手，于是改变人的阶层归属，改变家族的阶层归属，升高或衰落。所以，几乎所有人都在拼命地赚钱或省钱。于是，不惜一切代价获取财富的欲望统治着社会的所有阶级，经商、赚钱、物质享受和享乐成了品位和嗜好，包括那些之前对金钱嗤之以鼻的阶层。如果任其发展，对社会地位和金钱的激情很快就会使所有人精神萎靡、行为堕落。今天的法国，专制正在鼓励和培养这些激情。这些激情使人堕落，是专制的自然盟友，把人们的注意力从公共事业上移开，使革命成为可怕的禁忌词。专制有强大的力量，给贪婪提供隐蔽的灰暗区，况且贪婪需要这样的灰暗区，这样才能肆无忌惮，为了获得不义之财，人们可以勇敢地放弃荣誉之心。没有专制，这些激情会非常强烈，而有了专制，它们便成了普遍现象。

一方面，这些社会自然会有这些邪恶，而另一方面，只有自由可以和这些邪恶进行对抗，遏制社会的堕落趋势。只有自由可以使人们独立而不孤独，把人们连在一起，为了相互理解和共同的事业，进行争论和妥协。只有自由才能使人们摆脱对金钱的崇拜，摆脱琐细的个人烦恼，让人们意识到，在他们之上、在他们左右，还有一个共同的国家存在。只有自由可以唤醒强烈而高尚的情感，超越享乐可以带来的快感，可以给人们提供比赚钱更高尚的信仰，并且产生光，清晰地照见人类的美和善。

民主而不自由，社会可能会富裕、优雅、华丽、富丽堂皇，而且因国民地位提高故而强大。在这里，你还可以看到个人美德，顾家的好男人、实诚的好商人和值得尊敬的小地产主，甚至还有真正的基督徒（因为基督徒的祖国不在尘世，而且在最腐败的社会、最糟糕的政府统治下才会产生真正的基督徒，罗马帝国走下坡路的时代就充满了这类信徒）。

但是，在我说的这样的社会里，绝对不会出现某些种类的伟大，比如伟大的公民，尤其是伟大的民族。

我还会更进一步毫不犹豫地断言，在专制社会，即使存在平等，民众的心灵和精神也不会停下堕落的脚步。

这是我20年前想过和写过的东西，而20年的经历并没有使我改变这些想法和说法。旧社会时自由受人追捧，我高赞自由，现在自由遭人厌弃，人们也不该怪我不改初衷。

而且，我必须对我的反对者们说，使他们确信，其实我和他们的分歧并不像他们想象的那么大。如果一个人认为他的民族足够高尚，故允许自由，却认为某个人的灵魂是卑贱的，必须奴颜婢膝地去遵从同胞们朝三暮四的意志，而不是遵循他亲自参与制定的法律。[①]试问，这样的人存在吗？我认为不存在。专制者也认为自由是个好东西，但是觉得只有自己才能享

① 此处指大革命后的一种思想倾向，尤其以雅各宾专政时期为甚，认为法国需要自由，但又认为只有一部分人有能力合理利用自由的权利，普通大众并不能合理利用它，故无须自由。——译者注

用，世界上其他人无权享有。所以，自由是好是坏，大家的意见是一致的，分歧在于，是一部分人有权享用自由，还是所有人都应享用自由。所以严格来说，热爱专制的人会蔑视自己的部分同胞，处在他蔑视眼光下的同胞比例越大，就越热爱专制。要让我蔑视法国，恐怕还得再等些日子。

我觉得也许可以毫不自夸地说，这本书是我巨大努力的成果。有些章节很短，但没有一章少于一年的辛苦努力。我本来可以填充大量的脚注，以扩充版面，但我只选了一些放在卷末，而且数量很少。[①]注释都是正文中事实的举例和佐证，如果本书对任何读者有所启发，愿意索要更多的例子和佐证，我愿单独提供，直到读者满意。

① 该汉译版本把这些注释都放在了文中，原因请参阅“译者序”。——译者注

目录

CONTENTS
旧制度与大革命

第一卷

第二卷

旧制度与大革命

第一卷

大革命爆发时，舆论褒贬不一

大革命的最终目的不是摧毁宗教

宗教革命的形式和政治革命的本质

欧洲封建制度陷于全面崩溃

法国大革命到底取得了什么成果？

旧制度与大革命

第1章 大革命爆发时，舆论褒贬不一

我们的大革命的历史，给哲学家和政治家们上了非常有价值的一课，告诫他们要谦虚，不要对任何事情贸然做出预测。因为从来没有一场比它更伟大、准备得更充分、酝酿得更成熟，但更无法预料的历史事件了。

弗里德里希大帝[①]是个天才，但他也没能感觉到这场迫在眉睫的革命。可以说，他的手碰到了它，眼睛却没有看到。而且，虽然他仿佛一直在按自己的冲动行事，实际上却成了大革命的先行

◎德国于2012年发行的弗里德里希大帝诞辰300周年的纪念银币

① 弗里德里希大帝，普鲁士国王，在其统治期间，普鲁士的军事、文化、艺术均大幅度发展，普鲁士成为德意志诸邦中的霸主。——译者注

者和催化剂。但是，弗里德里希大帝确实没有看到革命正在稳步迫近，当大革命的整个面貌慢慢呈现出来的时候，它的特点和历史上的一系列一般革命完全不同，这些竟然全都没引起他的注意。

大革命引起了整个欧洲的瞩目，催生了一个模糊的信号——一个崭新的时代即将到来。欧洲各国也模糊地感觉到了必然会有改变和改革，但没人确切地知道究竟发生什么样的变化。这种模糊的预感使民众的思想骚动起来，但各国的君主和重臣们却没有感觉到这种骚动，他们认为，革命是每个国家制度都有的慢性病，这场革命只是其中一场发作，结果只有一个，不过是踩着邻居的尸骨在政治上向上爬。

各国的君主和重臣们不知道大革命的真谛，却在无意中说了出来。1791年，德意志的主要诸王齐聚皮尔尼茨城堡（Pilnitz），宣称欧洲各国都处于威胁法皇的危险之下，他们说的是真的，但实际上他们心里却绝不

◎德国萨克森州的首府德累斯顿地区的皮尔尼茨城堡

◎亚瑟·杨格

是这么想的。当时的秘密文件证明，这个说法只是个巧妙的借口，用来掩盖他们真正的意图，在大众面前伪装起来。他们完全明白（或自认为完全明白）法国大革命不过是一场地方性的偶发事件，渔人得利即可。以这种观点为前提，他们精心布局，充分准备，秘密缔结联盟，在战利品出现之前就吵得不可开交了。总之，他们连横合纵，为所有的可能性做好了准备，只是没有准备好接受事实。

英国人有自己的历史经历[①]，所以明智，已经长期享受政治自由的乐趣，所以透过重重迷雾看到了一场大革命的稳步迫近。但他们没看清它的形式，也没看清它注定会对世界、对英国的命运带来什么样的影响。就在大革命爆发前，亚瑟·杨格[②]正在游历法国，已经感到有场大革命迫在眉睫，但对它的实际结果却判断得非常错误，他害怕大革命会进一步增加特权阶级的权力。“对于贵族和教会，”他说，“如果这场革命提高了他们的优势地位，恐怕会弊大于利。”

① 英国资产阶级革命发生于1640~1688年，早于法国大革命。——译者注

② 亚瑟·杨格（Arthur Young），曾考察法国农村，写作了《法国旅行记》，1793年任英国农业局首任局长。——译者注

◎埃德蒙·伯克

自大革命爆发第一天起，埃德蒙·伯克[1]满脑子就被恨意点燃，但也曾一时有过怀疑。他首先得出推论：即使大革命没有把法国夷为平地，至少也会削弱法国。“当下的法国，”他说，“从政治角度看，即将被排除在欧洲大国体系之外，很难判断她重新跻身领袖大国的可能性。但现在我认为，政治意义上的法国已经不复存在，而且非常确定的是，要重新恢复以前的积极状态需要很长时间。这一代法国人将来评价起自己的国家来，会说：‘我们听说高卢人也曾经非常骁勇善战。’仿佛骁勇善战的法国已经成了古老遥远的历史。”

亲身参与历史事件的人们，判断也很失准。大革命爆发前夕，还没有哪个法国人知道革命会造成什么样的后果。在当时的所有陈情书中，我只找到两份似乎略带着对人民的畏惧情绪。所有人害怕的都是皇族或者王庭（那时候还这么称呼来着）继续保持过分的特权。人们说三级会议太软弱，为期太短。人们害怕自己会遭受暴力,贵族对此尤为不安，几份陈情书

① 埃德蒙·伯克（Edmund Burke），英国政治家、哲学家，曾在英国下议院担任辉格党议员，反对英王乔治三世专权、支持美国殖民地和美国革命，批判法国大革命。——译者注

◎法皇的贴身卫士瑞士卫队

坚决要求“瑞士卫队[1]必须宣誓绝不攻击平民，即使在暴动和暴乱中”。他们相信，只要三级会议能自由召开，就会纠正一切弊端。尽管必要的改革很多，但并不困难。

同时，大革命在按自己的步伐向前迈进，就如同魔鬼奇异恐怖的头部显现出来。法国大革命摧毁了政治制度后，又开始着手摧毁社会结构、风俗习惯和法律体系，甚至要改变人们的说话方式。大革命在粉碎了政府机器后，开始摇晃法国的社会根基，甚至迫不及待地要攻击上帝本身；它很快就越过了国界，开始用一系列前所未闻的手段、战术和谋杀性的口号（皮特[2]称

① 瑞士卫队本为梵蒂冈教皇的贴身侍卫队，此处指法皇贴身侍卫。——译者注

② 皮特（William Pitt the Younger）1759年5月28日~1806年1月23日，24岁时成为英国最年轻的首相。——译者注

之为“舆论武装”），打倒各个帝国的一个个地标[①]，打碎一个个皇冠，压迫所有的人民（说起来奇怪，民众被革命争取过来支持革命）……直到发生这一切，人们的思想才开始发生变化。君主和政治家们开始明白，大革命起初看起来就像个普通的历史事故，但却发展成了一场非常新奇的事件，和以往的所有经验都对不上号；它波及的范围如此广泛，带来的变化如此恐怖，如此难以理解，甚至完全超出了当时人类心智的理解能力，怎么都解释不明白。当时，一些人认为，一定存在某种未知的力量，它强大无比，没有别的什么力量可以增加其分毫，也没有别的什么力量可以使其减损毫厘。就连它自己也无法遏制自己，而且，这股力量会把人类社会引向最后的彻底分解。梅斯特尔[②]在1797年评论道：“法国大革命有种魔鬼撒旦的特性。”而另一方面，有些人则在大革命中看出了上帝之手，并得出结论说：这是全知之主的恩泽计划，要革新法兰西民族甚至人类种族。当时的几位作家被某种信仰恐慌所攫住，就像萨尔维[③]初见野蛮人时感到的信仰恐慌一样。伯克继续自己的思想，他宣称：“法兰西被剥夺了政府，还完全丧失了社会秩序，法兰西人民从帝国子民一下子堕落成了一堆旁观者。在周边的邻邦强国看来，法国不再是一个威慑群雄的国家，而是成了一个值得被同情和侮辱的对象。君主制被谋杀，而从君主制的坟墓里，升起来一个巨大无比、力大无穷而且面目狰狞的幽灵，一个超出人类所有想象力、打破人类一切心理防线的可怕怪物。它直奔目的地，不惧危险，毫无忌惮，它无视一切常识和原则，蔑视一切常规手段。人们接受这个邪恶幽灵的存在，倒不是因为它符合人性，而是习惯了就好了。人们说服自己接受它，不是因为它的存在符合个人的幸福原则和日常行为模式，而是，

① 地标，法语为repère，英语为landmark，此处指各阶级之间的界限。——译者注

② 梅斯特尔（Joseph de Maistre），1753年4月1日~1821年2月26日，法国政治家、哲学家，属于保守派，为等级制度辩护，大革命后致力于维护皇权，著有《对法兰西的思考》。——译者注

③ 罗马神学家，与奥罗修斯、圣奥古斯丁齐名，著有《罗马帝国的衰亡》。——译者注

谁不相信它可以存在，便被它摧毁。”

现在，我们回头再看，它确实像当时的人们感到的那么不同寻常吗？确实像他们想的那样旷古绝今、摧毁一切吗？那场奇异而恐怖的革命的真正特点和真实意义是什么？它到底摧毁了什么？又创造了什么呢？

这些问题可以支撑一个庞大的主题。大革命已经过去，那些令革命家们目眩情迷的激情早已远逝，但大革命离我们又不太远，我们可以欣赏激活大革命的精神。再过些时间，讨论这一主题就会很难了。因为革命一旦成功，革命的初衷就会消失，从而变得模糊不清，难以理解，这是个自动的过程。看来，现在提出和解答这些问题的时机已经成熟，我们今天所处的时期正好可以让我们准确地研究和评判那个伟大的时期。

第2章

大革命的最终目的不是摧毁宗教

一些人认为，法国大革命的根本目的和最终目的，就是摧毁宗教权威，削弱政治权威，实际上不是。

法国大革命从一开始就攻击教会。大革命点燃了很多激情，无神论激情是最先被燃起的，也是最后一个熄灭的。甚至当人们对自由的热情已经消失殆尽，被迫以奴役换和平之后，对宗教的敌意却依然存在。拿破仑完全压制住了大革命的自由精神，但他无法降服它的反基督倾向。甚至直到今天，人们仍然反宗教，仿佛对上帝的不敬，可以弥补自己在小官面前所受的每一次卑躬屈膝和委曲求全。虽然人们早就抛弃了大革命提倡自由、自尊的信条，但却坚持了无神论倾向，仿佛这样就是遵循了对大革命的信仰。

但是，今天的人们非常容易明白，反宗教战争只是大革命的一个事故，只是大革命面庞上一个虽然引人注目却转瞬即逝的表情，是大革命前各种思想、激情和偶发事件的暂时产物，而绝不是大革命的真正目的。

人们通常认为，18世纪的哲学是导致大革命的主要原因之一，这很有道理。毋庸置疑，18世纪的哲学中确实带有深刻的无神论性质。但当时的哲学实际上有双面性，两部分哲学体系截然相反。

第一部分的哲学体系，包括各种新锐或复兴的思想，有关社会状况，有关公民、政治的律法准则。比如人人生来平等，所以应该废除种姓、阶级和教职人员的特权；比如民众权利至上，社会权利至上，法律面前人人平等……所有这些信仰不仅导致了大革命的产生，而且简直可以说等于大革命的本质，它们是大革命最根本、最持久的功绩，也是大革命最真实的部分。

第二部分的哲学体系和第一部分完全不同，这部分哲学的领袖们满怀绝对的愤怒攻击教会。他们攻击教士，攻击教会等级制度，攻击教会机构和基督教义，为了推翻这一切，他们试图把基督教连根拔起。但是，既然18世纪的这部分哲学来源于革命摧毁的对象，它就已经和自己摧毁的对象一起消失，并被大革命的胜利送进了坟墓。为了把这个问题说得更明白，我会在下文再次回到这个话题上来，这里我只多讲一句话：那些哲学家之所以如此仇恨基督教，不是因为它是宗教，而是因为它是一种政治制度；并不是因为教士代天巡狩管理来世，而是因为他们是现世的地主、领主，管理现世，还征收什一税[①]；不是因为教会不该在即将建立的新社会里存在，而是因为教会在即将被推翻的旧社会里占据荣誉地位、享有特权、势力爆棚。

时间已经证明，并每天都在证明这个不辩自明的事实：随着大革命的政治成果得到巩固，它的宗教事业已经结束了。大革命攻击的旧政治制度被完全摧毁，大革命憎恶的权力、大人物、阶级被完全摧毁，成为废墟瓦砾，所以其激起的仇恨也已作古；最后，曾拥有权力的教士阶级，现在已经日益从社会权力体系剥离，所以教会的地位越来越高，基督教义更深地植根于人们心里。不要以为只有法国出现了基督教复兴，法国大革命后，整个欧洲的基督教会都重新振兴起来。

① 《圣经》中有农牧产品的1/10属于上帝的说法，故向教会缴纳的税项称为“什一税”。——译者注

有人认为，民主社会和宗教是天生的死敌，这是大错特错的。在基督教和天主教中，根本没有任何教义有悖于民主原则，相反，两种宗教的教义在很多方面都有利于民主。而且，所有的历史经验都告诉人们，宗教本能地在民众心里扎根最深。因为人心是宗教最后的避难所，就算那些早已消失的宗教也不例外。所以说，如果一种制度把民众的意志和情感放在首位，却把大众的精神推向绝对的不信宗教，这必然非常怪异。

我对宗教的以上议论，同样适用于政府，这件事我重点强调。大革命同时推翻了所有的机构，也推翻了所有管理社会和束缚人性的制度，所以，人们可能会自然而然地误以为，大革命的目的不是摧毁某种特定的社会结构，而是要摧毁所有的社会秩序；不是要摧毁某种政府形式，而是要摧毁负责管理社会的政府本身。当然，这的确存在一定程度的可能性，但有些人可能会认为，大革命的最终目的就是摧毁一切政府形式。我敢说，这也是假象。

大革命爆发后不到半年，米拉波[①]秘密致函国王："如果您比较一下新旧两种形势，就会感到安慰，重拾希望。国民议会颁布的大部分法令，绝对有利于君主政府。解散最高法院，收回各省自治权，解散教会团体，消灭特权阶级和贵族阶级[②]，这些难道都可以无视吗？如果黎塞留[③]在世，看到现在只有一个市民阶级，他会非常高兴的，因为平等的表面，更有利于皇权的施行。历任先皇都曾用强权加强国王的权威，但所有世代的努力相加都没有大革命在短短一年里的效果更明显。"他理解起大革命来，就仿佛是他在指挥它。

① 米拉波伯爵（1749~1791），法国政治家。他接受了路易十六的大量贿赂，死后葬入先贤祠，后他与路易十六的通信被发现，遗体又被迁出先贤祠。——译者注

② 教士阶级、贵族阶级都是和王庭争夺权力的阶级。——译者注

③ 黎塞留（1585~1642），路易十三的首席大臣，被认为是世界上第一位首相（Prime Minister），法国最伟大、最智慧也最无情的政治家，对内强化王权，对外称霸欧洲。他有句名言颇受争议："你可以给我一份最诚实的人的名单，但是只要我愿意，就一定能从他们身上挖掘出些什么，送他们上绞刑架。"——译者注

◎米拉波伯爵

法国大革命的目的，从一开始就不只是要改变旧政府，而是要废除旧的社会形式。所以，它必然攻击一切既有的社会管理形式，摧毁一切既有制度，抹除传统，革新风俗习惯，总之一句话，大革命就是要扫清人的大脑，把曾经所有值得尊重和遵从的观念统统扫进垃圾桶。这是法国大革命特有的无政府主义的侧面。

旧社会的权力分散在整个社会机体的各处，零散地播撒在二级权力机构、等级、阶级、职业、家族和个人中。通过仔细审视，我们可以发现，一个庞大的中央政权在旧社会的废墟下冒头，它把之前的这些零散权力和影响力全部收为己有，集中于一处。自从罗马帝国衰亡以来，世界上还没有任何哪个政权能够和它相提并论。大革命创造了一个全新的政权形式，或者不如说，新的政权形式从大革命摧毁的旧制度的废墟里自动长了出来。如果说大革命建立的政府十分脆弱，那么它也比自己推翻的形式要强大得多，而且其脆弱和强大来源于同一原因，这将在下文有专门论述。

旧时代的制度体系崩塌时，灰尘弥漫，米拉波透过尘雾，看清了这种全新的权力形式，它简简单单，运行有序，范围广大，无所不包。虽然它庞大无比，但是，当时的民众可没看到。随着时间的过去，现在整个世界都能看到它，而且今天各国的君主仿佛只能看到它。现在，人们满脑子都是对法国新制度的羡慕和嫉妒，而且，不仅大革命创造的统治阶级是这么想的，那些曾经和大革命毫不相干，甚至对着干的人也加入进来。所有人都在自己的领域里忙着摧毁各种特权和豁免权。各个阶级融合了，社会等级消失了，政府支付佣金的官员代替了贵族，统一的法律代替了地方性规章，单一的强大政府代替了分散的众多权力体系。在革命运作过程中，人们辛辛苦苦，尽职尽责，遇到障碍时偶尔还会借用大革命时的口号。人们看到，他们会煽动穷人反对富人，平民反对贵族，农民反对领主。法国大革命既是他们的伤痛，又是导师。

第3章
宗教革命的形式和政治革命的本质

法国大革命是一场政治革命，却经历了和宗教革命完全相同的过程，为什么？

所有的民主政治革命都局限在一国之内，法国大革命却没有这样的限制，而且可以说，它最明显的一个特征就是把地图上的国界线全都擦掉了。法律体系不同、传统各异、性格格格不入、语言也不相通的各个民族，被打碎重组。人们在更广的范围内彼此接近或分离，曾经的敌人成了战友，兄弟成了死敌。更精确地说，大革命打破了国家限制，创造了一个理念上的共有国度，世界上所有人都可以获得它的公民权。

史册上找不到任何一次政治革命和法国大革命有相似特点，但某些宗教革命却和这次革命有相似特征。所以，如果要把法国大革命和宗教革命放在一起进行比较，是最合适不过的了。

席勒在《三十年战争史》[①]里说得对：宗教改革的明显特征之一，就

① “三十年战争”，1618—1648年席卷欧洲大陆的大规模宗教革命，各国以天主教和新教为阵营连横合纵，互相抗衡。——译者注

是它把从没见过的各国人忽然连在一起，结成同盟，变成热情的战友。比如，法国人和法国人打起来的时候，英国人前来助阵；在遥远的波罗的海海岸出生的人们，深入德意志腹地，去保护那些他们从来没有听说过的德国人……所有的国际战争都带着内战性质，所有的内战都有外国人参战。旧的利益被抛在脑后，被新的利益冲突取而代之；领土不再是问题，被教义争论取而代之。所有的旧政治规则和外交规则互相重叠混杂，又彼此相斥，当时的政治家们觉得非常委屈，因为一不小心就会跳出个什么规则让他们大吃一惊。1789年后，欧洲发生的一切事件，和这些完全相似。

◎雅克·卡洛（Jacques Callot）针对“三十年战争”的蚀刻版画《绞杀》（The Hanging）

法国大革命是政治革命，却用了宗教革命的手段和外衣，不过，两者之间的相似远远不止这点。法国大革命不仅越过了法国的国界，而且和宗教革命一样，通过布道和口号加以传播。这是一场激发布道热忱的政治革命，人们满怀激情地在国内传播革命理念，同样激情洋溢地向国外传播。这可真是另一番新气象，它让世界见识了许多新奇的东西，而这点应该算最引人注意的了。但我们不应就此止步，而应进一步探讨，法国大革命和宗教革命之间这种平行的结果，是否来源于相似的原因。

宗教一般从抽象角度影响人类，不考虑特定国家的法律、风俗和传统对某个具体国家人性的增删。宗教的主要目的，是调整人和上帝的关系，调和人和人之间的责任，不考虑社会制度。宗教不区分你是哪国人或者哪个时代的人，而是把人笼统地分为父子、主仆、邻居等。宗教植根于人性本身，所以可以被所有民族接受。可以说，宗教革命的影响范围非常广阔，它很少像政治革命一样局限于一国、一族之内。而且，宗教越抽象到人性，就传播得越广泛，因为它能超越更多的法律、气候和种族的差异。

欧洲曾经有很多形式的异教，它们或多或少和各国的社会政治状况相关，教义里总保留着某个民族甚至某个城市的特点，所以很少能越过国界。异教偶尔会爆发迫害和不宽容，但异教徒很少有布道的热忱，所以，第一场宗教革命，在基督教确立之后才来到欧洲。对异教来说的各种障碍，基督教轻而易举就克服了，它迅速征服了大部分人类。

基督教的胜利，在某种程度上应归功于它的特性——其他宗教都没能摆脱国家、民族、政府形式、社会状态和具体的时代的限制，基督教则不同。我希望这样说并没有冒犯神圣的基督教。

政治革命改革处理现世，宗教革命改革处理来世。法国大革命虽是政治革命，却出奇地像宗教革命。法国革命把“公民”抽象化，不考虑特定的社会组织结构，就像宗教只考虑普遍意义上的人，而不考虑国家和时代一样。法国革命探究的不是法国公民应当拥有哪些特定的权利，它探究的是所有人类一般政治意义上的义务和权利。

法国大革命把自身完全剥离，不考虑特定民族特定时代，而是把社会秩序和社会管理形式追溯到更高级的自然原则上去，所以，它可以被所有人理解，可以在几百个不同的地方同时引起仿效。

大革命仿佛不是要改革法国，而是要致力于整个人类种族的新生，所以它点燃的激情，就连历史上最激烈的政治革命都是不可与之比肩的。它激起了人们布道的热情，催生了宣传运动，所以有了类似于宗教革命的特点，让目睹之人心惊胆战，或者还可以说，它本身就成了一种新的宗教。是的，这新教不太完美，因为它既没有神，也不用祷告，更没有对来世的

◎彼得被倒钉十字架：在耶稣基督被罗马皇帝钉死在十字架上后，彼得认为自己曾经背叛过耶稣基督，觉得自己不配同样一种死法，所以要求被倒钉

承诺，但它却像某些宗教一样，能用它的兵卒、传道者和圣徒把整个世界盖得严严实实。

当然，我们也不能完全认为，大革命的各种手段从没被用过，大革命宣传的各种思想都是原创的。在很多历史事件中，甚至早在中世纪鼎盛时期，都有这样那样的鼓动者，援引人类社会的普遍法则，试图去改变特定的风俗习惯，援引人类的天赋权利，去攻击政府制度。但是，所有那些尝试最终都以失败告终。这个在18世纪点燃了整个欧洲的火把，如果是在15世纪，一下就会被掐灭。这种批判方式是一种新的宣传方式，要等到人们的生活条件、风俗习惯和心智发生变化，才能做好接受这种鼓动形式的准备。

在一些时代，人和人的差距很大，所以根本不能理解什么叫普适法则；在另一些年代，普适法则受人爱戴，人们远远地看到它即将到来，便会一拥而上，热切地拥抱它。

最大的奇迹，不是大革命使用的各种手段、构建的各种思想，最神奇、最让人瞠目结舌的是，人类已经进化到这个地步，可以有效地使用这些手段，使其他人迅速接受这些思想。

第4章

欧洲封建制度陷于全面崩溃

几乎整个欧洲都建立并巩固了同一种政治制度，现在却全面陷入崩溃。

欧洲大陆原本蛮荒，罗马帝国征战于此，给欧洲注入了文明。后来各部落蜂拥而上，推翻罗马帝国的统治，并最终建立了现代国家。当时的欧洲，是分散的部落，无论民族、祖先的起源还是语言，都各不相同，共同点只有一个，那就是野蛮。[①]自从建立了国家，他们便长期持续互相厮杀，整个欧洲大陆一片混乱。当一切尘埃落定，他们发现，厮杀后留下的片片废墟自然而然地把彼此分开，这就是最初的国界线。文明几乎灭绝，社会秩序不复存在，国际交往艰难而危险，广阔的欧洲大陆被分割成成百上千个小国，它们彼此分开，互不往来，互相敌视。

① 这个观点和冯学荣的历史观很相似。冯学荣，民间近代史研究中国第一人，著有《历史其实很雷人》（团结出版社）、《从甲午到七七：日本为什么侵华》（香港中华书局）等。冯学荣认为，英国侵略香港，却给香港带来了文明，英国人最终是要走的，于是留下了文明的香港。冯学荣对日本侵占台湾、东三省也有类似看法，认为日本的占领，是不可避免的，也必定是暂时的；既然侵略是不可避免的，那么侵占就应该有两面性，它既是万恶的，也有其积极意义。——译者注

◎电影《亚瑟王》剧照。亚瑟王是土生土长的英格兰凯尔特人，在对抗罗马军团中战功赫赫，被英国人神化为传奇

但是，在一片混沌之中，各个国家竟然突然出现了完全相同的律法[①]。

这些律法并非借鉴于《罗马法》，实际上还有很多和罗马律法完全对立的地方，后来，《罗马法》成了修改或废除这些律法的工具。

这些律法是独创的，与以前的任何律法不同。它们各部分和谐对称，一条条紧密相连，就像我们现在的法典系统一样，是一个有机的整体，对于半野蛮的部落来说，这样的律法可以说太文明了。

我不想探讨这些律法是怎么形成的，为什么会传遍欧洲。我只是要强调这个事实，中世纪时欧洲各国就在不同程度上拥有了这些律法，而且在很多国家，它是唯一的律法。

我曾有幸研究过英国、法国和德意志诸邦在中世纪时的政治制度，然而，我越研究越吃惊，因为我看到那些法则在本质上竟然完全一样。不同

① 此处的律法不单指法律体系，还包括社会、政治运行体系的法则。——译者注

的民族，很少沟通和交流，但那些律法，却惊人的相似。根据国家不同，整套律法可能在细节上会有诸多变体，所以没有两套律法在细节上完全重合，但它们的本质却完全一样。我先是研究了古德意志的律法，并从中发现了一些政治制度、一种行政规章、一种权力，于是，我就提前知道，当我进一步研究，同样会在英国和法国找到完全同质的东西。果然，我的猜想应验了，我确实找到了。英格兰、法兰西和德意志三个民族彼此互通，研究完一个，理解起另外两个来就易如反掌了。

三个国家中，政府都按照同样的原则运行；议会都由同样的部分构成，拥有同样的权利；社会等级按照同样的原则划分，划分出来的阶级完全一样；贵族拥有同样的社会地位，拥有的特权相同，自然属性①也几乎完全一样——总之，可以毫不客气地说，不同国家的人民就像一个模子里刻出来的一样。

各个国家的城市建构彼此相似，农村地区也以同样的方式管理。农民完全处于同一境地，土地按同样的方式占有、居住和耕种，农民纳的税也都一样。从波兰边界到爱尔兰海的整个欧洲大陆，领地、领主法庭、封地、地税、封建劳役、封建权利、行会，一切都是彼此类似的，有的连名称都一样。更令人惊讶的是，这些制度不仅在形式上彼此相似，而且渗透着同一种精神。可以这样说，14世纪的欧洲各国，社会、政治、行政、司法、经济和教育等各个方面的制度都具有高度相似性，比今天各国的相似度更大。

虽然现代欧洲文明开化，沟通便利，国家和国家之间的壁垒几乎消失。这种相似却不是我的主要任务，我也不再详细论述欧洲的旧制度是如何逐渐衰败然后崩塌的，我只想说，18世纪时的欧洲旧制度到处濒临土崩瓦解。

整个欧洲的旧制度都在加速衰老和崩塌，在大陆东部最不明显，大陆西部则比较突出。

这种古老的制度从中世纪就开始存在，而它的逐渐衰败，可以从各种档案中找到证明。众所周知，各个领地都有一种叫作“土地登记清册”的

① 此处指外貌，欧洲人各个国家的祖先并不相同，但是长得都很像，就像一个种族一样。——译者注

东西，持续了好多个世纪，上面记录着很多东西：封地的边界、应收的地租、该服的劳役和当地的风俗习惯等。我查阅过13世纪和14世纪的土地登记清册，它们都记录清晰、井井有条，彰显智慧。越接近现代，土地登记清册就越来越模糊、杂乱、破碎而混乱。由此可见，社会文明了，政治体系却被瓦解成了野蛮状态。

德国比法国保留了更多的欧洲旧制度，但是即使是在德意志，曾经让欧洲生机无限的旧制度，也至少部分被毁灭了。查看我们到底还剩什么，比研究我们到底失去了什么，更能透彻地理解时间的凶残。

13世纪和14世纪，城市自治制度曾把德意志的大城市变成一个个富庶开明的小共和国。

城市自治制度在18世纪时依然存在，但已经变成了空影。制度未废除，市政官还叫市政官，而且仿佛仍然负责从前的事务，但是市民不再积极参与城市管理，热情和爱市主义已经消失不见，而这些都是该制度曾经激发出的人类美德，而且产生过无数可歌可泣的故事。[①]旧制度的内部仿佛已经腐烂，但形状却一点儿没变。

所有没有废除的中世纪制度都患着同一疾病，腐烂了并持续衰败下去。而且，有些东西不是中世纪独有的，但由于刻上了中世纪的烙印，于是马上变得死气沉沉。所以，似乎一说“贵族”，就仿佛都应该是老头儿。中世纪时政治自由成就颇高，到了18世纪，也像被阉割了一样。省三级会议还完全保留着原来的形式，却阻碍着文明的进步。这一切制度周围，都是一圈冷漠得无法穿透的墙，让理智望而却步，把人民推向君主的怀抱。这些制度有古老的历史，却不能赢得尊重。而且，它们越老迈，危害越小，激发的仇恨反

① 比如“加来义民”的故事。英法百年战争期间，有一次，英军围城加莱11个月，法皇拒绝派兵支援，加来弹尽粮绝，开城乞降。英皇爱德华三世要求加来人献上六个人作为贡品，供其处死。加来人踊跃报名，以解城危，最后的六个贡品中包括一个贵族、一个乞丐、一个小偷、一个老绅士、一个中年人、一个未成年人，他们有的连姓名都没有留下，但是他们有一个共同的名字，那就是“加来人”。

◎罗丹的雕塑《加来义民》

而越大。有一位成长在旧时代并完全支持旧制度的德国作家这样写道：“现在的一切都令人可耻，甚至可憎。但奇怪的是，现代人竟对旧事物嗤之以鼻！喜新厌旧的倾向刺穿了每个家庭，打破了家庭内部的平静，就连家庭主妇也着急扔掉家里的古董家具。”但是，值得注意的是，同时期的德国和当时的法国一样，社会活跃、生机勃勃、繁荣富足。但是（特别注意这点，这是整个全景画的点睛之笔），所有欣欣向荣的、积极活动的、对社会产生巨大推动作用的因素，都是新的，不仅仅是新，而且和旧因素是完全相反的。

皇族和中世纪的皇族没有多少共同之处，特权不同了，地位不同了，精神也是崭新的，连激发的崇拜心理也怪怪的。中央权力[①]逐渐被全面侵

① 即皇权。旧制度系统建立在三极之上：皇权、教权、贵族。旧制度下社会分为三级：第一阶级为教士，第二阶级为贵族，其他统称第三等级。——译者注

◎法国伯爵路易斯·德·卡斯泰尔巴雅克和他的女朋友

蚀，地方权力逐渐退败。一系列各等级的公务员篡夺了贵族的地位。权力行使者，使用的方法和遵循的原则，是中世纪闻所未闻、甚至拒绝接受的，所以这些新原则和方法，确实只适用于中世纪时的人想象不到的某种社会形态。

乍一看，你会觉得英国仍然保留了欧洲的旧制度。但是，抛开旧名称和旧形式仔细研究一下，你就会发现，封建制度其实早在17世纪时就基本从英国消失了。贵族、平民可以互相通婚，所以贵族作为一个阶级已经消失，任何人都可以成为贵族，有钱就行。而且，法律面前人人平等、纳税人人平等、出版自由、辩论公开等，这一切都是中世纪时根本没有的现象。但是，正是这些新鲜的血液巧妙地输入一个古老的身体，使它恢复了生机，免于崩溃。17世纪的英国已经完全是一个现代国家了，只不过其内部保留了中世纪的一些遗迹，就像做过防腐处理一样。

◎英国威廉王子迎娶“灰姑娘王妃”凯特·米德尔顿

我们已经对法国以外的其他国家做了快速浏览，我认为这很必要，有助于更好地理解下文，因为，如果只研究法国，就永远无法真正理解法国大革命。

第5章

法国大革命到底取得了什么成果?

前面的所有讨论都是铺垫，为了解决我一开始提出的问题：大革命的真正目的是什么？它的独特之处在哪里？为什么它会发生？它取得了什么成果？

有些人会犯一个错误，认为大革命的目的是为了推翻宗教信条的统治。事实上，不管看起来如何，它实质上是一场社会政治革命。它不是要使混乱永久化和固定化，或者像一个大反对者说的那样，“要使无政府状态条理化”，而是要增加政府当局的力量和权利。它也不像另外一些人想象的一样，是要改变我们文明的属性，阻止文明的进步，它更没有从本质上改变西方社会赖以生存的基本法则。是的，曾经发生过一些偶然事件，给大革命涂上另一层色彩，但那都是暂时的，和大革命的本质属性不同，如果抛开那些偶然事件，只考察大革命的功绩本身，人们就能清楚地看到，大革命的主要成就就是：废除了绝对统治欧洲人民几百年的封建制度，并用一种更简单、更公平的社会政治组织形式取而代之，以各个阶级的平等为基础。

这本身就足以发生一场惊天动地的大革命，因为旧制度不仅和欧洲

◎法国大主教波舒哀（Jacques-Bénigne Bossuet，1627~1704），名言为："国王是神圣的，攻击国王即为渎神。"

的一切宗教和政治法则交织关联，而且还创造了一整套的思想、情感、习惯和风俗，作为对制度的辅佐。从社会的躯体里摘除并摧毁一个和这么多器官都相连的器官，需要一场惊心动魄的大手术。这使得这场伟大的革命显得更加伟大了，它似乎摧毁了一切，因为它摧毁的东西和一切相连，而且从某种程度上讲，几乎和所有的一切镶嵌在一起。

虽然大革命很激进，但是它创新的东西却比人们普遍想象的要少得多，这个问题将在下文详述。它真正的成果就是摧毁——彻底摧毁，或部分摧毁（因为它还在继续）——所有旧封建贵族制产生的一切、所有寄生在旧制度上的一切、所有带着旧制度烙印的一切。大革命对历史的遗产一律抛弃，只保留了那些和旧制度格格不入或独立存在于旧制度之外的东西。

大革命绝对不是一个偶然事件。它确实让世界大吃一惊，但它只是一项长期工作的收尾工作，连续十代人长期辛苦的任务，突然剧烈地收尾了。即使它没发生，旧上层建筑也会崩塌，只是会一块一块地烂掉，而不是一下子轰然倒地。大革命来得迅猛，它突然痉挛式地发力，没有过渡，没有预警，毫无同情。如果没有发生大革命，那本来需要一点一滴的长期积累才能完成。这就是大革命的成果。

这个事实在今天看起来如此显而易见，但是，就连当时最聪明的观察家都看不清，着实让人吃惊。伯克曾呼吁法国人：“希望你们弄清以下事实：你们自以为偶犯小错，却和英明的祖先完全背道而驰；你们要重夺古时的权力，却同时妄想保留古代精神和现代荣誉和忠诚；你们已经几乎完全丧失了祖先的优良品质。如果你们觉得不自信，不确定这些优良品质是什么，就把目光转向你所在的土地上的你的邻居，还有很多人践行着古法，是古老欧洲普适法则的真正楷模……”然而，伯克没看清大革命的目的恰恰是废除欧洲的普适法则，他不知道这正是这场革命的要旨，而非其他。

但是，既然欧洲各国都准备好了迎接这场革命，那么，为什么它会在法国而不在别的国家爆发呢？为什么法国大革命的特点，在其他国家都完全消失或大部分消失了呢？这第二个问题非常值得研究，也是接下来的主题。

旧制度与大革命

第二卷

第6章

为什么法国人更难以忍受封建特权[①]？

讨论问题之前，一个悖论迎面而来。大革命的目的是废除中世纪制度的残余，但它并没有在旧制度最猖獗、最压迫人的国家爆发，反而在人民最轻松的国家爆发了。因此，好像有个推论是压迫最轻的地方，成了最无法忍受桎梏的地方。

18世纪末的德意志还有农奴制，德意志诸邦中没有一个彻底废除农奴制的。从中世纪开始到18世纪，大部分德意志农民都被牢牢地束缚在封建领地上。弗里德里希大帝和玛丽亚·特雷萨的军队里，几乎所有士兵都是贫穷的农奴出身。

1788年，在德意志的大多数邦国，农民不得擅自离开领地，一旦违反须武力押回。如被发现偷懒或酗酒，农民受主日法庭制裁。农民的社会地位不得改变，不得改做其他职业，主人不允许不得结婚。农民的大部分时间都在服役。领主徭役是定制，很苛刻，需要很多时间，在一些地方为每周

① 本章中的“封建权利”和“特权”指经济方面的社会优势地位，“封建制度”仅指经济制度，“权力”指社会管理职能的优势地位。——译者注

三天。农民要为领主翻新和修葺房屋，把农产品运往市场，还要做马夫和信差。一个年轻农民要在领主庄园里做足很多年的杂役。农奴也可以有田，从而成为农民。农民对土地没有所有权，必须在领主的监督下耕种，并根据领主的要求在地里种特定的庄稼，领主不允则不得转让或抵押。有时，领主会强迫农民出卖自己种出来的粮食，有时，又禁止农民出售，他的地里必须总是有庄稼。农民去世后，家产不能全部留给子嗣，其中一部分要留给领主。

◎法国农民

我不用费力去查询历史文献来验证这些律法，因为由弗里德里希大帝初拟、由其继位者在大革命刚刚爆发时颁布的法律中就有这些规定。

这种情况在法国早就没有了。法国农民想去哪儿就去哪儿，想买什么就买什么，都不受限制，制订和签订合同无须他人许可。农奴制最后的痕迹只在东部的一两个省存在，它们是法国征服而来的省份；在所有其他地方，农奴制早就没有了。农奴制废除的时间太久了，所以人们都忘记它已经废除了。据最近的精确研究，诺曼底在13世纪就已经废除了农奴制。

发生在法国农民身上的变化中，最重要的是他们拥有了永久产权。不是所有人都理解这件事，但它太重要了，所以我要稍微多说几句。

人们普遍认为，大革命后开始了划分土地，分土地是大革命的产物。但各种证据都证明其实不是这样，反而恰恰相反。

至少在大革命之前20年，就已经有农业协会对土地分割感到难过了，杜尔哥[①]宣称："土地分割太过普遍了。本来一份土地够一家人维持生计，但会被分给五六个孩子，这样这些后代就无法完全靠土地生存了。"几年之后，内克尔[②]也说，法国的小地产主多如牛毛，无法统计。

在革命的前几年，一个领主管家给自己的主人写了一封密报，其中有这样的话："人们正迅速均分自己的遗产，这让人越来越担心。土地被无限划分下去，原来整块儿的土地，现在被撕成小块儿，就像被撕碎的破布，很多人都想到处捞点儿。"这不是和我们现在的情形一样吗？

我费了很大的力气，试图复原旧制度的土地册，可以说有时真的成功了。1790年立法通过了新的土地税后，各教区都呈报了本区内的地产清单。这些清单大多都散失了，但有些村庄的清单还留着。我拿来和今天的清单做了一下比较，发现在这些村子里，当时的地产主数量竟高达今日数目的1/2甚至2/3。这是十分惊人的，因为从那时算起，法国的人口只增长了1/4。

当时的农民和现在的农民一样，尤其痴迷拥有土地，对土地的欲望会点燃农民心里所有的激情。当时一位司法人员评论说："土地的出售价格总是超过价值，原因很简单，所有的农民都痴迷于拥有土地。对法国的下层阶级来说，一生的所有积蓄都是为了买地，而在别的国家，余钱都是放

① 杜尔哥（1727~1781），法国政治家、经济学家，18世纪后半叶经济学派的代表人物，路易十六的财政大臣。——译者注
② 路易十四的财政大臣。——译者注

在私人银行或者投资公共领域。”

亚瑟·杨格第一次漫游法国时，觉得很多事情都很新鲜，最让他吃惊的就是农民在划分土地，他估计法国至少有一半土地都是农民所有的。“这种情况是我万万料想不到的。”他不止一次这样写道。这也难怪，因为这种情况只有在法国才有，邻国根本不可能出现。英国农民也曾经有过土地，但数目一直在萎缩。德意志诸邦国中，各个时代都有一些自由农可以拥有土地的部分所有权。

德意志最古老的传统认为，农民可以拥有土地，也有一套相关的奇怪法律，但这是特殊情况，小地产主的数量实际上少之又少。

18世纪末，德意志某些地区的农民开始拥有土地，和法国的农民差不多，这些地区大多在莱茵河畔，而莱茵河畔正是法国的革命热情传播得最早而且始终热情高涨的地方，但是，革命热潮渗透较晚的地区就没有类似的变化。这很有价值，很值得深思。

所以，认为法国的地产划分是从大革命开始的，是错误观点，事实上，土地划分远早于大革命。大革命确实拍卖了教会的所有土地和贵族的大部分土地，但查看一下当时的拍卖纪录——有时我就有这耐心看完——你就会发现，这些土地的大部分，都是由已经拥有土地的人买走的。所以，土地只是换了个主人，地产主的数量并没有大量增加，最起码比人们想象的要少得多。内克尔善于夸张，不过这次说得非常精确：当时的法国，地产主多如牛毛，数不胜数。

如果大革命的成果并不是土地的划分，那是什么呢？是土地的解放。大革命前，所有小地产主的封建义务五花八门，而且无法摆脱，这些义务严重地阻碍了农民经营土地。

封建义务无疑是沉重的，但并不是农民无法忍受的原因，最令农民无法忍受的，是存在着的一种可能，一种负担可以变得更轻的可能性。

法国农民和欧洲其他国家的农民不同，他们早就摆脱了领主的统治，这在欧洲仅此一国。这本身就是一场革命，所以需要另外一场和它同等激进的革命，把获得土地的法国农民从乡村主人手里解放出来。旧制度似乎离我们很近，因为我们每天还能看到在旧制度下出生的人，但旧制度又仿佛离我们很远。激进的大革命把我们和旧制度彻底隔开，所以回头看时，它摧毁的旧制度变得模糊不清，仿佛那是很多个世纪之前的事情。所以，今天很少有人能准确回答本来非常简单的问题。比如，1789年前的农村，到底是怎么管理的。要找到答案，当然得求助于那个时代的官方档案，但是仅有官方档案并不够，还得从其他地方寻找线索，比如

©Cawthorne教区教堂

图书。

我常听人说，贵族退出王国的管理体系之后，会长久保持着农村地区的管理权，领主仍然统治着农民。这仿佛也是个谬误。18世纪时，教区的一切事务都是由官吏主持的，官吏并非领主委派的代理，而是总督任命的，或由农民推举出的。官吏负责分派捐税、修葺教堂、建造学校，并主持召开教区大会。这些官吏是社会权力机构，所以还监督教区财产的花费，以教区的名义提出并维持公诉。领主不再负责农村的日常琐细事务，也不受其监督。我们接下来将说明，教区里所有的官吏都隶属于政府或中央政府，和领主没有任何关系。领主不再在教区里代表国王，不再是国王和臣民之间的纽带，不再负责执行国家法律、征兵、征税、发布敕令、赈灾等。所有这些责权都归官吏所有，领主实际上只是一个居民，和其他居

◎领主庄园

民不同之处，只是有免税权和另外一些其他特权。领主和邻居不同，在于社会层级分属不同，而不是有无权力的不同。细心的总督们总不忘提醒自己的下属：“现在的领主不过是教区里的第一代农民而已。”

走出教区，走向区县级行政区，你会看到同样的情况，贵族整体上不再管理农村公共事务，也很少有个别贵族兼任官吏。

当时，这种情况为法国独有。在所有其他国家，谁有地谁就管理居民的制度被部分保留，这个制度是旧封建社会的明显特征。英国就是这样，大土地所有者负责管理和统治农村。在德意志的某些邦国里，比如普鲁士和奥地利，国王管理国事，已不再受贵族制约，但大部分农村的统治权还是留给了贵族，即使国王控制着某个地区，也不敢取代贵族直接管理。

法国贵族无权管理社会由来已久，但是有一个社会管理部门除外，那就是司法部门。在某些特殊案件中，法官要以某些大贵族的名义进行裁决，大贵族还有权在自己的领地内制定治安章程。但是，领地内的司法权也被王权逐步剪除、限制，最终收归国有，这样一来，那些仍然保留某些司法权的领主，就不再把它当作一种权力，而是一项收入来源。贵族的所有特权都是这样的，剔除政治价值，保留金钱价值，偶尔个案中还会暴涨。

所以，接下来我将只讨论这些特权，所谓的封建权利，正是这些封建权利在激怒人民。

要具体说清1789年前的封建权利到底有哪些，是什么样子，不是件容易的事情，因为这些权利条款颇多，每一条特权又有很多变体，而且它们在不断地变化，有些消失了，有些则变了个样子。那些权利项目本来就非常模糊，当时的人都很费解，所以在我们看来，就更搞不清其本来面目了。但是，我们可以把这些权利归类。仔细查看18世纪研究封建律法的文字，细心研究当时五花八门的风俗习惯，我们能把那些繁杂交织的各种权利，简化为很少的主要几种，归类不上的都是单独的个案。

领地劳役几乎被连根拔除了。很多大路通行费被取消或基本取消，虽然在大部分省份偶尔还可以见到多种名义的道路通行费。领主有权征收集市税和市场税。只有领主有狩猎权，大家都知道。一般说来，只有领主可以养鸽子，建鸽舍；只有领主有磨坊，其他人都要在这里磨面；只有领主有压榨机，其他人只能在这里榨葡萄汁。土地转让和买卖税普遍存在，领地内任何土地买卖都要向领主缴税，而且，在所有的领地上，土地所有者都要向领主缴纳地税，以金钱或实物形式，而且绝对不能赎买。所有这些五花八门的权利项目有一个共同点：以土地或其出产为基础由农民支付。

教会领主的优势地位和普通领主一样。教会的起源、目的、性质，和封建体系不同，两者却总是紧密结合，互相渗透，虽然它们从未合一，却仿佛镶在一起一样。

主教、大教堂教士、修道院长都拥有封地或领地，根据教职不同，或大或小，修道院所在的村子，通常是它的领地。

领主不能有农奴，但修道院可以有，它还征用劳役，征收市场税，拥有村里唯一的烤箱、唯一的磨坊、唯一的压榨机和唯一的公牛。除了领主权利，像全世界的教会一样，法国的教会还征收什一税。

这里我要重点指出，当时的整个欧洲都存在同样的封建权利，而且欧洲他国的这些权利比法国的都要沉重得多。现在我引述领地劳役来证明。当时，法国已经基本废除劳役制，所以劳役非常罕见，即使有也非常轻，而德国的徭役却到处都是，而且很重。

大革命时，我们的先辈声称有很多封建权利激起了他们最强烈的义愤，它们不仅违反正义，而且违反文明，那这些权利都有哪些呢？什一税、不得赎买的地税、终身地租税、土地转让和买卖税等，18世纪的人夸张地称这些税项为“土地奴隶制”。但是，所有这些税在当时的英国差不多都存在，很多种到现在仍然生机盎然，但它们并没有妨碍英国拥有完美的农业，没有妨碍英国成为世界上最富饶的国家，英国农民也没有感觉到什么压迫。

那么我们必须问一个为什么。为什么这些特权在英国没事儿，却在法国人心里激起了无法平息的仇恨，以至于这些特权消失多年后，仇恨依然存在，而且越烧越旺呢？原因有两个：第一，法国农民已经成为地产主；

◎大革命时期的农民现状

1778年，路易十六王朝开始衰落。这种衰落，起始于农业的不景气，随后影响到城乡手工业。1788年，终于爆发了灾难性的歉收，再加上贵族的压迫，农民的日子更加难过。

第二，法国农民已经完全摆脱了领主的统治。肯定还有其他原因，但我认为这两点是主要的。

一方面，如果农民没有土地，封建制度加在土地上的杂税负担，和他们有什么关系？什一税是向粮食征收的税，和没有土地的农民有什么关系？地租税来自出租土地的人收到的租金，如果农民没有土地，和他有什么关系？各种税项束缚着土地，只对土地所有者起作用，如果农民只是被雇来干活的，这些沉重的负担就和他们没有任何关系了。另一方面，虽然农民拥有了土地，但是如果仍受领主统治，也不会觉得这些封建特权沉重得无法忍受了，因为农民会认为，这些特权只不过是国家制度使然，自然应该是这个样子。

贵族在同时拥有经济特权和社会管理权时，他们的权利更大，但没人会注意。封建社会的人们，像今天的人们对待政府一样看待贵族：贵族（政府）保护人们，人们就得向贵族（政府）缴税。那时，贵族拥有让人不爽的特权，摊派沉重的义务，但贵族还有另一面：维持公共秩序，主持正义，执行法律，救济贫弱，管理公共事务。当贵族不再承担这些义务，其特权对于农民而言，就显得十分沉重，甚至难以忍受了。贵族的存在就没有了基础。

我邀请你想象一个18世纪的法国农民，或者一个如今的农民也行，因为法国农民的性格从未改变过。他们的经济状况虽然变了，但性格从未改变。按照文件里描述的农民的样子，想象一下。他痴迷于土地，用自己一生的积蓄买了一块土地。要买地，首先就得缴税，不是交给政府，而是交给自己的邻居，但这个贵族邻居其实和他一样，与社会管理毫不搭边，和他一样无权无势。但是好吧，他忍了，然后他终于拥有了一块属于自己的土地。他把自己的心和种子一起埋进了土里。宇宙广阔无垠，但是，这小小的一角是他的，是他自己的，所以他心里充满了自豪和独立感。但就在这时，邻居跳了出来，强迫他离开自己的土地给别人义务工作。他看到野兽威胁自己种下的种子，但邻居不让他去驱赶。邻居还守在河口桥头，告诉他：要过河就得缴税。在市场上，他又碰到了那个邻居，要卖自己种出来的粮食就得先交钱。当他回到家里，准备享用剩下的食物时，这都是自己用双手种出来、眼瞅着一点点长出来的粮食，但是，他却被迫到那个邻居家的磨坊里去磨面，用那个邻居的烤箱烤面包，不然就吃不到嘴里。那一小块土地的大部分产出，都交给了那个邻居，而且这些税不能免除，不得赎买!

◎关于法国税制的漫画：教士、贵族压在农民身上

不管他想做什么，在生活里迈出每一步，这个邻居都会在某个地方等着他。邻居打扰了他的幸福，妨碍了他的工作，霸占了他的劳动成果。当他终于摆脱了这个邻居，马上就出现了另外一帮穿着黑袍的人[①]，抢走剩下

① 教会。——译者注

的大部分粮食。如果可以的话，请你想象一下这个农民，他的生活，他的愿望，他的性格，想象一下这个人的激情，估算一下他到底被夺去了多少珍爱之物，心里到底会有多少仇恨啊！

封建制度的政治属性已经被剥除，在社会制度中却仍然是最大的部分。它的能量削减了，这正是它不受欢迎的原因。这里，我得出一个绝对的真理：正是因为旧制度已经摧毁了一部分，所以，剩余部分才会显得比从前更加恶毒千百倍。

第7章

中央集权制来源于旧制度而非大革命和帝国

有人说，“管理集中”是大革命和帝国的成果之一，其实这是不对的，它是在旧制度中产生和发展的。

我曾听一个演说家谈论中央集权制，那时候还有政治议会。他认为中央集权制是“法国大革命的崇高成果，令整个欧洲都羡慕不已”。我很乐意认为中央集权制是一大成果，我也非常同意欧洲各国都很羡慕，但我坚持认为它不是大革命的成果。正好相反，它是旧制度的产物，而且我还要进一步说，大革命没有完全颠覆旧制度，中央集权是唯一在大革命中幸存的政治体制，因为它正适用于大革命创立的新社会。细读本章，读者很快就会明白，我的例子对这点的论证相当充分。

首先，我会先把三级会议省放在一边暂且不谈，也就是那些自治或看起来有部分自治权的省份。三级会议各省地处王国边陲，只有总人口的1/4，而且除了两个省，其他三级会议省的自治权也都丧失殆尽了。我会在别的章节讨论三级会议省的情况，而且将证明，三级会议省也在相当大的程度上被中央权力驯服。[①]

在这里我主要讨论的是，当时的行政语言称为财政区省的情况，虽然这些地方的选举比其他省份要少。巴黎周围都是财政区省，它们彼此相连，是整个法国的精华所在。

看一眼王国的旧政府，你就会明白这里的规章五花八门，职位名目繁多，权力错综复杂，仿佛法国到处都是行政机构和独立的官员。为何官员独立？因为他们的官职是买来的，无法撤换。这些官职的权力互相重叠，常常被弄混，好像他们必须经常发生矛盾，干涉到对方的分内事。

法院有某些立法权，在其辖区制定的行政规章有强制性效力。有时法院会和政府发生龃龉，公开指责政府行为失当，严厉谴责公务官员。法官还可以在他居住的城市和乡镇制定治安条款。

城市里的布局就更五花八门了。各城市的行政官员叫法各异，权力来源也不相同。有的城市叫市长，有的城市叫执行官，而有的城市则叫市政官。有些人是国王任命的，另一些由旧领主或封地的亲王任命，有的则由当地公民选举，任期一年，另外还有一些是买来的永久权。

这是乱七八糟的旧权力体系，但是在这个体系的中央，却逐渐产生了一个比较新颖的东西，或者可以说是经过改造的旧东西。接下来要相加论述：在王国的中央，在最靠近王权的周围，新产生了一个拥有特殊权力的行政机构，它越来越大，吸收了所有的小权力。这就是枢密院[②]。

这个机构古已有之，但大部分职能都是近代才产生的，它拥有至高无上的权力。它是最高司法机关，有权撤销所有普通法院的判决；它是最高行政机关，所有下级行政权力皆源出于此；它作为国王的顾问，以国王的名义行使立法权，提出并讨论大部分法律，征收和分派捐税；它为各级政府机构制定方向性规章；它独断所有国家大事，监督所有下属政府机构的运转。一切国事都由它开始，并最终汇总到这里。但枢密院并没有明文规

① 参见“附录”。——译者注

② 或称“国王顾问团”“皇家内阁”等。——译者注

定的特定司法权。它的决定是国王的决定，只是看起来像枢密院的。枢密院在主持正义时，其实只是“给国王提供意见”——国会在一份抗议书中就这样描述自己，用在枢密院身上也很合适。

枢密院的成员不是贵族，而是出身普通甚至卑微的人，他们都做过各种各样的职务，有广泛的社会经验，如表现不良即可更换。

枢密院悄无声息地运作，小心翼翼，是低调的掌权者。枢密院大权在握，每项国家大事都必有其参与，但因为离国王太近了，所以淹没在王权的光辉中。

国家的所有管理权，集中在一个机构手里，国内事务的执行和指导，也同样被委托给一个代理，也就是财政大臣[①]。

打开旧制度的年鉴，你会发现各省都有自己的一串儿总督，但仔细研究一下卷宗，你很快就会发现，这些总督可以管的事情其实很少。财政大臣主持国家事务，他慢慢地把所有和钱相关的事务都纳入了自己的管理范围，而又因为公共管理都和钱相关，所以所有的国家公共事务都归他来管。财政大臣要兼内政大臣、公共基础建设大臣和商务大臣。

基于同一原则——权力集中——各省中也只有一个代理。18世纪时还能看到一些大领主有省督的头衔，代表皇权，通常是世袭的。现在他们仍然有这荣誉称号，但没有任何权力。管理实权由总督一人掌控。

总督不是贵族，而是一个前途无量的年轻人，并且必须不是本省人。他不由选举产生，不靠世袭，更不是花钱买的，他由政府从枢密院的下级成员中挑选，如果表现不良，还可撤换。他在各省代表枢密院，所以，当时的行政语言把这个职位称为“外派”。他掌握的权力，和枢密院一样，受枢密院制约。像枢密院一样，他有行政权和司法权。总督和部级官员级别相同，是政府意志在该省的唯一代理。

总督可以委任下属，也就是设置省内各区的行政长官——总督代理，

① 相当于一个国家的总理或首相。——译者注

品行不端可以撤换。总督是一个新贵族血统的创始人，但总督代理则不会成为贵族，他仍然是平民，他在总督委派的区域里代总督行事，就像总督在自己的财政区省内代政府行事一样。总督是财政大臣的直接下属，总督代理则是总督的直接下属。

达尔让松侯爵[①]在他的《回忆录》中记了这么一段，一天，约翰·劳[②]对他说：“在做财政大臣之前，我都不敢相信后来所见的一切：法国竟然是由30个总督统治的。不是最高法院，不是三级会议，也不是省督，各省的祸福贫富，都靠这30个只会要这要那的主儿。”

总督的权力很大，但贵族风采依旧，所以总督的光辉被旧贵族久久不散的光辉遮住了；在那个时代是很看轻总督的，虽然他们的权力涉及社会的各个方面。贵族比总督的社会地位优越，他们有爵位，有钱，也受人尊重，这种尊重来自古老的历史。在国家层面，贵族簇拥着国王组成宫廷，贵族还统率着陆军和海军。总之，贵族做着最引起注意的事情，所以后代的目光才常常聚焦在他们身上。如果某高级领主被提议担任某省总督，那就是对他的侮辱，即使最贫穷的贵族也常常不屑于出任总督。在贵族看来，总督是篡权者，他们乳臭未干，是被雇来照顾暴发户和穷酸农民的。但是，约翰·劳却说正是这些人在统治法国，我们很快也会认同这个事实。

让我们从征税权开始说起，因为其他所有权利都和征税权紧密相连。众所周知，课税的一部分是外包的，在枢密院的指导下由包税人征收的。所有其他税项，如农业税[③]、人头税和二十分之一税，都由中央行政的代理[④]

① 达尔让松侯爵（Marquis d’Argenson），1694年10月18日—1757年1月10日，1720~1724年任埃诺省（Hainaut）总督，1744年任法国外交部长。——译者注

② 约翰·劳（John Law），苏格兰经济学家、大银行家，路易十五时的财政大臣。1716年建立法兰西兴业银行（Banque Générale），法国的中央银行。他生性好赌，在密西西比泡沫（Mississippi Bubble）中使法国经济陷入全面崩溃。——译者注

③ 有一段历史时期，法国的军役税和农业税互相重叠交织，译者按原文均译为农业税。——译者注

④ 指枢密院。——译者注

直接确定和征收，或在它的全权监督下进行。

每年枢密院都会开会，确定并分派各省农业税及其众多附加税的总额。什么时候开的会和会议的内容都是保密的，所以，虽然农业税逐年增长，但人们却好像没什么感觉。

农业税是一种古老的税项，以前，农业税的课税基数和征税过程都由各地代理征收，这些代理凭借出身、选举或靠买来的官职行事，但都独立于政府。这些人包括领主、教区收税人、法国财务官或选举税收官。这些职位在18世纪仍然存在，但有些人已经完全无权再收农业税了，还有一些人仍然有权，但只有非常次要或从属的权力。所以，所有征税的实权都落在了总督和总督代理手上，只有总督有权在教区间摊派农业税，指导和监督收税人的工作，或者并发放缓征或免征的命令。

◎收税人

其他的税项都比较现代，比如人头税，所以政府不必和古老权力残余周旋，可以想怎么做就怎么做。财政大臣、总督和枢密院会确定每项税的总额，不经纳税人干涉即可确定征收。

谈论完钱的问题，我们接下来讨论人。

大革命时期及大革命后，法国人顺从地负担着沉重的兵役，那种顺从常使人吃惊，但我们必须明白，法国的征兵制是有传统的，所以人们习惯了。征兵制的前身是自卫队制，后者负担更重，虽然所征兵员没有前者那么多。那时，人们通过抽签的形式确定哪些农村青年应当进入自卫军团服役，服役期为六年。

◎法国农民：男人都被征壮丁了

由于自卫队是相对较新的制度，所以旧封建权威不会干涉，所以一切事务都由中央政府管理。枢密院会确定全国的总兵额和各省的应征兵额，然后由总督确定各个教区的额定人数，最后，由总督代理主持抽签仪式，确定哪些人可以免服兵役，哪些人可以留守家乡，哪些人应开拔奔赴他处。总督代理还有义务把调往他处的军人名单上交军事当局，如果总督代理处置不公，可以上诉到总督或枢密院。

另外，我们还可以说说公共基础建设的权力归属。除了三级会议省，所有财政区省的公共基础建设，甚至那些只和本地有关的公共基础建设项目，都是由中央政权的代理决定和领导的。其他的实力派，比如领主、财政机构、大路政官，名义上有权共同做这些事，但实际上这些古老的地方实力派在各省都全无作为或很少作为，只要看一眼——无须细看——当时的官方文件就能明白。所有大路以及两座城市间的大路，都从全国公共基础建设资金库提取资金进行修建和维护。枢密院制订规划，签订包工合同，总督监督工程，总督代理召集人员干活。旧地方实力派有权管理的只有村间小路，没有资金支持，所以那些小道基本上都很难走。

中央政府负责公共基础建设的部门是桥梁公路工程局，这和今天的系统一样，这很明显。由此可见新旧制度之间的继承关系。今天，桥梁公路工程局也有委员会，有独立的办公楼；仍然有监察专员每年在整个法国跑来跑去；工程师仍然驻扎在工地上，按照总督的指令，负责指导工程的实施。被原封不动地搬进新社会的旧制度，数量很大，比人们想象的要多，但转变中大多换了名称，只不过保留了固有的形式。桥梁公路工程局同时保留了名称和形式，但这种现象倒不多见。

中央政府还对各省的和平负全部责任。骑警队遍布全国，随时准备听候总督的命令。正是这些骑警——必要时还可能动用常规军队——保证了总督有能力应对突如其来的危险，逮捕无业游民，镇压乞丐盲流，以及当时时有发生的骚乱（因为粮价总在上涨）。法国曾经没有骑警，所以政府常常必须求助于平民，后来有骑警了，但在城市里略有不同，城市里通常会有一个城市自卫队，由市民选举组成，由总督任命队长。

法院保留了制定治安条例的权力，也经常使用，但这些条例只在法院的司法范围内有效，通常只是一个比较小的范围。而且枢密院有权拒绝通过这些条例，事实上也经常拒绝，尤其是小法院制定的那些。另一方面，枢密院则总是在制定适用整个王国的法律，无论是法院的职权范围内还是范围外。这些法律，当时人称“枢密院令”，数量非常庞大，而且越接近大革命数量越来越多。旧制度的最后40年里，没有一处社会经济和政治组织方面未经枢密院令修改过。

旧制度下，领主的权利很多，义务同样多，故两者持平。比如，他有义务接济本领地内食不果腹的人。这是欧洲的一项古老法则，在1795年的《普鲁士法典》里可以找到它的最后痕迹，该法典规定：“领主必须保证贫穷农民受到教育，领主应全力以赴使在其领地内的无土地居民获得生存必需品，如有人陷于贫困，领主有义务帮助他们。”

此种律法在法国绝迹已久，领主被剥夺了曾经的权力，所以也摆脱了曾经的义务，但没有地方权威、委员会、省级和教区级的协会代替贵族负起这些义务。现在，法律不再要求任何人照顾贫穷农民，于是，中央政府过于勇敢地承担起这些责任。

每年，枢密院都会从总税收中拨出一部分，分配给各省作为专项救济基金，由总督分配给各教区，穷人可以向总督求助。饥荒时期，总督负责发放玉米和稻谷。枢密院令每年都会指定某些地点，用以开办慈善工场，贫苦农民可以在那里工作，并获得微薄的工资。但是很显然，枢密院距离各地方太远，所以它决定的慈善事业往往来自于一时冲动，所以很盲目，和实际需要相差较远。

对于农民，中央政府并不满足于饥荒时机的救济，还担负起教给他们致富方法的责任，有时给建议，有时还会强制。为了达到这个目的，中央政府会借总督、总督代理之手散发农艺方面的小册子，建立农业协会，设立奖励基金，还会斥巨资建苗圃，把秧苗和种子分发给农民。如果能减轻农业的重税，可能会有更加好的效果，但中央政府竟从未想过这点。

有时，枢密院致力于强迫个人致富，不管个人是否有愿望。无数的枢密院令强迫工人使用特定的机器生产特定的产品，而总督不可能总能保证所有规定都被实行，于是便出现了工业巡查专员，在各省之间来回巡视，代为履行这项职责。

枢密院有时认为有些土地不适合种植某类作物，所以会下令禁止种植，有时竟命人拔掉已经种好的葡萄，因为枢密院觉得那个地方的土壤品质低劣，不适合葡萄的生长。到了这个地步，政府已经不再仅仅承担王权的职责，政府已经成了国家的监护人了。

第8章
国家监管是旧制度的一种体制

现在所谓的国家监管，是旧制度的一种体制。

法国的封建体系[1]崩塌后，城市自由仍然存在。领主停止治理乡村之后很久，城市仍保持自治权。17世纪末，还有几个这种自治市继续做它们的小民主共和国，行政长官由市民自由选举。在这里，市政生活活跃、公开，市民对自己的权利感到自豪，珍惜自己的独立。

1692年，普遍取消选举制度，之后，城市管理事务被转给官员负责，也就是说，国王向某些居民出售了永久统治他人的权力。

这就不仅毁掉了城市的自由，也把繁荣一起摧毁了。原因很简单，卖官偶尔是好事，比如法官职位，因为优秀的法官必须首先不受上级意志的左右，必须完全独立。但对于行政体系，卖官却是灾难性的，因为对于行政官员来说，最要紧的是责任心、服从和热忱，否则办事效率就会低下。旧王权政府很明白这一点，所以一直非常小心，绝不把强加给城市的卖官制度用于自身，所以，总督和总督代理的职务是不卖的。

① 重复上面的解释：“封建体系”指农村的制度。——译者注

历史学家会带着蔑视看待大革命的这个侧面，因为它是在没有任何政治规划的前提下完成的。

路易十一限制城市选举权，因为其民主倾向吓坏了他。路易十四废除城市选举权倒不只是因为害怕，而是想把城市自由卖给买得起自由的城市。路易十四并不想废除城市自治，只是想做个生意，赚点儿钱，因为他实在缺钱，想碰碰运气，做个试验。虽然是他真正废除了城市自由，却并非出于本意。值得注意的是，这个游戏一玩就玩了80多年。这80多年间，国王曾七次向城市出售选举自己的行政长官的权利，而当城市终于意识到掌握自己家乡命运的价值时，售出的权利被再次收回来，重新再卖。这种行为，从始至终都只有一个目的，国王并不避讳说这件事情。1722年的敕令中，国王在导言中说：“寡人财政紧缺，故被迫寻找能减少赤字的最有效方法。”方法是很有效，但对承受这个新鲜压迫方式的人来说，却是毁灭性的。1764年，一个总督给财政大臣写信说：“长期以来，购买城市官职付的钱，数目总额令人震惊。如此庞大的资金总额，如用于公共建设，市民本当受益颇丰；但事实不是这样，这些官职反而成了负担。”我翻遍整个旧制度，却没有找到另外一个和这件事同样可耻的特征。

要精确展示18世纪的城市是如何治理的，非常困难。首先，就像刚才说的，城市的权力来源在不断变化；另外，每个城市都不相同，它们都保留着自己历史的残余和本地独特的传统。在法国，没有两座完全相同的城市，但是它们对比强烈的外表下，隐藏着普遍的共性。

1764年，枢密院打算制定一套法规，用来统一治理城市，于是要求各省总督上报自己辖内各城市的组织形式。我找到并仔细阅读了此次调查的部分报告，于是我相信，几乎所有城市的管理方式都是类似的。当然会有很多表面的明显差异，但是本质上各地都是同一种方式。

大多数情况下，城市由两个议会管理。这适用于所有的大城市和大部分小城市。

第一个议会由市政官员组成，人数因城市不同各异。这是城市管理事务的执行机构，当时称为市自治团。该议会产生有两种情况：第一，该市从国王那里购得三五年的市选举权，然后选举产生该议会成员，期满后再次向国王购买；第二，国王永久性售卖某市官职（这并不总能发生，因为国王总是借各种理由收回这种永久权，所以永久权总在贬值，国王每食言一次，这种商品就贬值一次）后，城市便永久拥有购得的官职。在两种情况下，市政官都不领薪金，但享有免税权和其他特权。市政官之间没有上下级的差别。市行政权由集体所有，没有一个市行政官被单独监督，也没有任何一个市行政官拥有专属于他自己的权力和责任。市长为该机构主席，但无权管理本市，一切权力都由该机构集体行使。

第二个议会叫全市大会，它选举市自治团（在还实行选举的地方），并参与本市的大事。

15世纪，全市大会一般由全体市民参加；一份报告中（前文所说的总督给枢密院写的奏折）说：这种习俗“与我们祖先的普遍情感一致”。市行政官由所有人共同选举产生，调查员会被派往全城，让人们填表。17世纪末，偶尔还能看到这种习惯。

18世纪时，全市大会已不再由全体市民参加，几乎全都改成了代议制。但是，必须注意的是，在所有城市，代表都不是人民选举产生的，也不沾一丝民意的痕迹。全市大会由显贵组成，有些人因其社会地位成为市民代表，有些人是工业行会或财团的代表，每个人都在这里代表他自己的小集团行使职责。

越接近18世纪末，出席全市大会的显贵越来越多，工业行会的代表人数日趋减少，甚至完全消失了，但仍能看到财团代表。也就是说，全市大会中的工人代表，都被资产者代表取代了。很多人可能认为，市民会信任这个全市大会的，但实际上，市民从未轻信幻影般的自由，人们不再关心城市，而像生活在城市围墙内的外市人一样，对城市事务漠不关心。市政官们一次次地努力，希望唤起人们心中的爱市主义精神，这精神曾经在中世纪创造出种种奇迹，但没有结果，市民就像没听见一样，事关城市兴衰的大事都提不起他们的兴趣。某些地方还保留着自由选举的假象，但市民一般都投弃权票。历史上充满了类似情况。从奥古斯都[1]到现在，所有的君主都从根本上摧毁了自由的基础，但他们都想保持一个样子，让自由看起来仿佛存在。他们认为这样就把专制的奇异力量和公众认可的道德力量完美结合，但几乎都以失败告终。人们会迅速发现，要长期维持没有实质的假象其实很难。

18世纪的各个城市中，市政府大部分都蜕化成了小集团政治，由几个家族代表市民利益，控制城市的管理，不对市民负责。市政府是否代表自己的利益呢？市民们不知道，也不在乎。这是种疾病，在整个法国的所有城市中蔓延。总督们一针见血地指出了这种弊端，但他们开出的唯一药方，却是把城市权收为国有，自然也就归他们所有，因为他们是中央政府的代表。

这种疾病蔓延得太广了，所以不得不采取措施。枢密院频繁全面调整城市管理方式，总督也总是对特定的城市提出特殊法案，枢密院则对这些提案不经调查地一律通过，也不必通知本市市民已经通过了这样一个法案，这些法案生效也不用经过登记手续。一个城市收到一个该类枢密院令时，一个居民说：“该措施使各阶级震惊，我们从未料到会有这种事情发生。”

城市无权设置本市税项，不得征税，不得抵押、出售、出租、赠送财产，不得提出诉讼，甚至连未花掉的公共资金都不得擅自使用，除非总督向枢密院发出请求报告而枢密院也批准。

所有的公共建设工程都得按照枢密院令批准的方案和预算进行，所有的合同都要在总督或总督代理面前签订，国家工程师一般会全面监督工程的实施。很多人认为，新法国的一切都是新的，而这些事实会让他们吃惊，认识到自己的判断是多么武断。

枢密院在城市管理事务的指导方面，比我说的要广泛得多，从它制定

① 屋大维·奥古斯都，罗马开国皇帝。——译者注

◎法国旧币：6里弗尔

的各种律法中就可看出端倪。而枢密院则有不受任何法律制约的权力。

18世纪中期，财政大臣给各省总督发了一份通告，我在其中找到了这段话："你们必须尤其注意市政议会中发生的一切。你们必须精确地报告会议的辩论过程和结果，附带你们的意见一并原封不动地报告给我。"

总督和总督代理之间的通信也在展示出，政府其实在控制城市的一切事务，无论大小。所有市政都必须征询中央政府的意见，它对每件事都有最终的决定权，连节日庆祝这样的琐事都不放过。中央政府会下令规定公共节日怎么放烟火，市内如何照明。我找到一份书信，其中记录一个总督向几个私人保安每人罚款20里弗尔[①]，因为他们在唱《赞美诗》时缺席。

所以，市政官们有充分的理由有人微言轻之感，有几个给总督写信时是这样措辞的："我们谦卑地请求您赐予我们仁慈和保护。我们将遵从阁下的一切指令，以证明自己值得您赐予我们这些。"还有一些自称本城贵族的人说自己"从未违逆过您的意志，阁下"。

就这样，资产阶级一直在准备着掌控政府，民众一直准备着争取自由。

既然城市如此顺服，那么，至少可以有财政保证吧？不，才不是。据说，如果没有中央集权，城市早就穷死了。这我可不同意，怎么可能呢？

① 里弗尔，又叫"法镑"或"锂"，代表一磅（约0.45千克）白银，后被法郎取代。——译者注

我知道有一点是确定无疑的，18世纪的中央集权制并没有拯救城市，让它们免于毁灭。18世纪的金融篇章里，充满了市政资金紧缺的记录。

让我们离开城市，走向农村。这里的权力形式和管理方式与城市不同，但我们会发现，农村和城市一样，必须同样依附于中央政府。

我找到了很多线索，表明中世纪时，村民会自动组成一种独立于领主的集体。领主会利用、监督和管理这种团体，但是它们拥有独立于领主的资产，自行选举领导者，通过民主原则自行管理。

以封建制度为基础组织社会形式的国家里，都可以找到这种教区团体，附属国也不例外，因为封建制的律法也传播到了那里，虽然这些律法在持续颓败中。这种团体在英国很常见，60年前它还盛行于普鲁士，弗里德里希大帝法典就是明证，18世纪的法国也保留着若干痕迹。

我记得自己第一次查阅某总督办公室档案时，是为了弄清旧制度下的教区到底是个什么样子的。我吃惊地发现，在一个如此贫困、如此无自由的教区里，竟然有很多美国农村的特点，我曾认为那些都是新世界的特有产物。

无论是法国旧教区还是美国农村，管理者们彼此独立，并分别接受整个社区的监督；没有常设代表机构，没有像样的代表大会。二者都不定期举行所有人都参加的会议，选举官员，处理重大事务。这两个不同的地区民治形式极其相似，实际上就像一个活人与一具死尸。但这并不值得奇怪，这种体系，命运不同，起源却一样。

中世纪农村的教区，挪到美洲大陆去后，因为没有了封建体系，完全靠自治，就变成了新英格兰的镇区。中世纪农村的教区，留在法国，如果没有了领主，却被国家强力掌控，就变成了下面描述的样子。

18世纪，各省教区官员的数量和叫法都不同。从古老的文字记录中可以看出，教区生活活跃时，官员数量就多；教区生活萎靡时，官员数量就少。在18世纪的记录中，有两个职位普遍存在：一个是征税员，另一个通常叫作理事。通常，这些官员由选举产生，或名义上由选举产生，但实际上是国家的管理工具，而不是教区的代表。收税员拿着总督令征收土地税，理事则每日接收总督代理的命令，代表总督代理处理有关公共管理和公共秩序的一切事务，比如征兵、国家公共建设工程或执行一般法律。

前面说过，领主无权干涉社会管理细节，他既不监督也不协助官员。领主的实际权力已经不复存在，有些机巧的措施会让这权力在表面上看起来还存在，[①]但领主鄙视这些措施，贵族是骄傲的，仅骄傲一点，就已经使他们绝对不会参与任何此类事情。他已不再管理教区，但他还居住在这里，有各种特权，这就妨碍了新管理体制的有效性，新管理体制本来是要取代贵族的。贵族如此重要，如此独立，又如此封闭，有各种特权，所以只有一个结果，那就是减弱和破坏法律的权威。

贵族的存在，把有手艺、消息灵通的居民都赶往了城市（这点将在下文详述）。于是，贵族周围就只剩一群粗鄙无知的农民了，他们根本无法自己管理公共事务。杜尔哥是这样描述教区的："一堆死气沉沉的茅屋和一群比茅屋更死气沉沉的居民。"

18世纪的档案中满是人们对教区收税员和理事的抱怨，说他们低效、残暴、无知。所有人都为此悲伤，包括财政大臣、总督、总督代理和贵族，但没人去寻找真正的原因。

法国农村的教区管理，一直保留着中世纪时的民主特征，直到大革命前还有一丝痕迹。当要选举官员或讨论重大公共事务时，村里的钟声便会把农民们召集到教堂前，无论穷人富人都会来。一般的会议上会有讨论和投票，这是常规，但这里的会议上没有。在这里，每个人都可以自由发表意见，还会有公证人露天制成正式报告，记录会议的内容，人们都说了些什么。

这是最空洞的自由形式了，掩盖的是自由的无力，这种对比能让我们轻易地看出一丝端倪，原来最专制的政府也能采用民主的形式，一边加重

① 比如邀请领主做名誉村长、名誉主席之类。——译者注

压迫，一边让人摆出一副自由的样子，仿佛人们根本不知道自己的实际情况，这可真是可笑。在教区的民主会议上，人们可以自由表达各种心愿，但它和城市里的市议会一样，没有能力实现这些愿望。而且，只有当当局打开它的嘴时，它才能说话。也就是说，只有总督明确批示后，村民才能召开会议。一经批准，村民们就可以践行总督的“仁慈与好心”了。但“仁慈与好心”的说法，实在实至名归。因为即使会议一致通过，也不能征税、买卖、出租、诉讼，除非枢密院发出许可令。教堂的屋顶被风刮走了，教区牧师房子的墙倒了，村民大会一致通过要修，但是这还不行，在修之前必须先得到枢密院的批准。所有教区都得服从这项规定，无论离巴黎多远。我看到过某教区的奏折，请求枢密院批准它花费25里弗尔。

一般来说，教区居民有权全体投票选出官员，但总督常常“好心地”推荐一个候选人，而这个候选人一般都会全票通过。还有一些时候，总督会宣布选举无效，暂停某教区的选举行为，直接任命收税员和理事。我看到过成千上万个这样的例子。

但是，你却无法想象这些教区官员的悲惨境况。收税人和理事是中央政府的最底层代理的代理，但总督代理总是想一出是一出。总督代理常对他们罚款，或者干脆把他们关进监狱，而且他们无权申诉，因为保障人民不受无端压迫的规定对他们不适用。一个总督在1750年这样写道：“我把几个造反的头头送进了大牢，还叫社区支付招来骑警的费用。通过这些措施，我轻而易举就把他们制服了。”所以非常自然，这种教区职务不可能是荣誉，而是负担，人们都想方设法避开这种职务。

但是，收税员和理事，因为名义上是选举出来的，所以可以称为教区旧制度的最后痕迹，对农民来说还是弥足珍贵的。甚至直到今天，收税员和理事也是农民唯一且完全理解、关心的政府分支。农民们乐呵呵地看着整个国家屈服于皇权，却会在村庄管理时，因为没人询问自己的意见而愤愤不平。空洞的形式里有多大的分量啊！

以上所述有关城市和村庄的情况，几乎完全适用于所有其他集体形式，也就是那些独立存在并拥有共同财产的集体形式。

像今天一样，旧制度下的所有城市、乡镇、村庄、小村庄（不管多小）、收容所、教堂、修道院、学院可以用自由意志管理自己的事务，按照自己的想法合理处理自己的财产。当时的法国就像今天的法国一样，政府监管着全体法国人。只是因为“监管”这个词有藐视皇权的嫌疑，所以当时没有这种叫法，但它实际上早就存在了。

第9章

行政法院与官员免责制

行政法院是旧制度的体制，官员免责制也是旧制度的体制。

旧制度下，没有任何一个国家的法院比法国的法院更不受政府干预，但也没有任何一个国家有法国这种特别的变态法庭。因为法院太过独立，所以必然出现特别法庭。法官的职位在国王的势力范围之外，国王无权撤换法官，也无权给他们升职。国王既吓唬不了他们，也不能满足他们的上进心，所以控制不了他们。国王很快就感到不太方便。这种情况唯法国特有，如果有人状告政府，国王就拒绝把案件交给这些法官审理，于是在普通法庭之外，专门另设了一种法庭。这种法庭不是独立的，但在人民眼里也特别像法庭，所以不会暴露它实际上不是法庭的事实，国王也感到很安心。

在诸如德国的欧洲他国，法官不像法国这样独立于政府，这些防范措施根本没有必要，行政法院也就没有存在的必要。国王把普通法庭控制得服服帖帖，所以不需要特殊法庭。

君主制的最后100年里，国王的榜文和敕令，以及枢密院令都有一个共同的条款说明：由此引起的争议及可能产生的诉讼，应一律提交总督与

◎大革命前的普通法庭

枢密院处理。一般的公文模式是这样的：“陛下下令、敕令及附属条款执行中引起的争议须提交总督裁决，如不服裁决可向枢密院上诉。禁止民事法庭及普通法庭受理此类案件。”

但是，这是后来才成为例行条款的，之前发布过的很多法律中没有这个条款，而且古老的惯例中也没有这个条款，所以枢密院便通过“调案”不断干预，把案件从普通法庭手里转到自己手里。枢密院的登记册里充满了这种调案令。调案本为特殊情况特殊对待，但慢慢地，这种特殊情况变成了普遍现象，所以成了惯例。有一条箴言，不是明文规定，但人人都明白，大意是：一切涉及政府利益或因法律的不同解释引起的案件，不属普通法庭受理范围，普通法庭只有权受理与私人利益相关的案件。新制度明文规定了这件事情，但这个思想的实质实际上来源于旧制度。

那时，关于税收的诉讼一律归总督和枢密院审理。只有总督和枢密院有权裁决一些案件，比如有关货物运输和载人运输、大路路政、运河运输、自然河流中的运输等等的案件，实际上，所有一切涉及公共利益的案件都归总督和枢密院审理。

总督竭尽所能扩大自己的司法范围，他们不断明示财政大臣，并强烈暗示枢密院，特别司法权是多么重要。某位此级别的官员所提出的调案理由非常有保留价值，他说：“普通法官有义务根据法律打压违法行为，而枢密院有权出于实用目的违反法律。”

这一原则颇受欢迎，总督或枢密院常把不涉及政府或没有明显关联的案件拿过来自己审理。某绅士与邻居对簿公堂，由于不满法官的口气，于是要求枢密院调案。受到委托的总督向财政大臣报告说：“虽然该案只涉及私人权利纠纷，可由普通法庭受理，但国王有权——只要他愿意——受理所有类型的案件，无义务对任何人说明动机。”

所有在暴动中被捕的人，通常会被调案到总督或骑警队长处审理。暴动大多起因于粮食价格太贵，所以，经常在饥荒时期爆发，这时总督就会增置若干“学士”协助自己处理该类案件，这些“学士”会组成一个类似区县议会的机构审理刑事案件。我看到过这种机构的判决，一些人被判绞死或砍头。17世纪末，刑事案件仍常由总督审理。

当代法学家使我们相信，大革命后，司法取得了长足的进步。他们告诉我们：“大革命前，司法权和行政权互相混杂，大革命后它们已经分开，中间有一道不可逾越的鸿沟。”但我们需要牢记一个事实，旧制度下的司法者确实经常会越出其权力的自然范围，但司法者也从未完全掌控自己应掌控的司法领域。如果不通盘考虑这两个方面，就会形成错误和片面的理解。是的，法庭有时会超过自身的权利范围，制定公共管理法律；但另一方面，它们又被禁止审理真正的法律案件，被排除在正常的领域之外。今天，我们的确已经把法庭赶出行政领域之外，旧制度让它参与行政是非常不妥的，但同时人们也看到政府不断介入司法领域，我们却可以忍受。其实，这两种权力界限不分明，同样都很危险，而后者则更加危险，因为，法庭干预政府只是妨碍公共事务，而政府干预法庭则使人心堕落，让人们同时变得兼具奴性和反叛性。

60年来，法国制定的近十套法律中，其中一套似乎要永久存在下去，其中夹着一条：未经执政府批准，涉及政府官员的案件不得由普通法庭受理。这一条充满了欢乐，人们在摧毁旧制度系时小心翼翼地把它从废墟里救了出来，小心地保护它免受革命的摧残。官员们总是援引这条，并把这款特权当成1789年的伟大胜利之一，但他们又错了，这不是大革命的首创。旧君主制和新政府一样护短，热切地保护自己的仆人不受法庭制约，认为只有普通百姓才需要法庭。两个时代倒不是没有不同，但一个实质上的区别就是：大革命前，政府只能靠专制和不合法的手段才能施以援手；大革命后，这已经成了制度，政府有合法权利违反法律。

旧制度时，只要普通法庭打算受理涉及政府官员的案件时，便会收到枢密院令禁止受理，案件会被调案到专门法庭。这种程序理由充分，符合当时枢密院的逻辑，正如一位国王顾问[①]所说：官员在普通法院受理时，法官脑子里早就有了思维定势，首先就会认为官员有罪。如果官员长期受到歧视，国王统治便会被蔑视。这样，调案的频率会非常高，几乎每天都有，从政府要员到芝麻绿豆般的小官，均受其庇佑。只要和政府沾边儿，就可以除政府外什么都不怕了。桥梁公路工程局曾有个劳役监工毒打某农民，农民起诉了他，枢密院宣布调案。总工程师私下致函总督说："监工确实应受指责，但事态不应如此发展。对于桥梁公路工程局来说，最重要的是阻止普通法庭受理涉及监工的案件，尤其原告是一个正在服役的人。否则，此例一开，民众对官员的不满将被煽动起来，诉讼将接连不断，工程进度将被迫暂停。"

在另一个案件中，一个国家项目承包商擅自从附近的田里取用了所需

① 枢密院又称"国王顾问团"。——译者注

物资，总督亲自向财政大臣致函：“我简直无法再强调了，如果任凭普通法庭审理国家项目承包商，政府会遭受多大的伤害啊，因为普通法庭的法律和政府的管理原则完全不兼容。”

这几行字是一个世纪之前写的，当时的政府官员仿佛和现在的差不太多。

第10章

中央集权在旧制度中的形成

权力集中是如何在旧权力体系中产生、发展、巩固的？权力集中是有破坏性的，但它为什么没有摧毁旧制度？

让我们简略地回顾一下前三章的要点：位于王国中央的一个机构在管理全国的行政事务；一个大臣在管理几乎所有国内事务；一个官员在指导一省内的所有细节；所有次级行政机构或官职只有事先请示方可活动；只有行政法庭有权受理与政府相关的所有案件并庇护所有官员……

我们今天都熟悉的集权岂不与此完全相同？和今天相比，旧集权形式并不明确，行为模式不甚规范，存在也不恒定，但体系是完全相同的。从那时起，它没有任何增减，把制度周围的细节剪除掉，过去的它和现在的它完全一样，丝毫不差。

我描述的制度，现在被无数地方纷纷仿效，但当时唯法国独有，接下来我们将立刻看到的是，它对法国大革命的巨大影响及结果。

但是，中央集权是非常现代的制度，它是如何在旧封建社会的瓦砾中形成的呢？它的确是通过耐心、有技巧的长时间酝酿，而不是通过剧烈的个人努力。大革命爆发时，法国的旧政府体系依然屹立，只是一种新的体

◎罗伯斯比尔被抓住

系已经在它内部悄然而生了。

中央集权是个艰难的工程。我们没有理由相信，它是旧政府精心谋划、深思熟虑的结果。相反，仿佛一切都是无意识地完成的，是本能在驱赶政府和政府的所有代理去获得更多的权力。贵族曾是管理者，但只剩下了头衔和荣誉，不再拥有管理权。他们不是被赶出了权力领域，而是被引开了：一个人的惰性、另一人的自私、所有人心里的恶……这些都巧妙地起了作用。没人要改变贵族，只是悄悄地，他们都被总督取代了。而总督，连这个词儿都是个新词儿，那些贵族出生时还没有被造出来。

在权力集中过程中，唯一的障碍是司法部门，但就像在其他领域一样，政府最终还是抓住实质权力，只把权力的假象留给了竞争对手。政府并没有把最高法院挤出行政领域，而是逐渐吸收了它的权力，最后让它变成了一个空壳。

在为数不多的情况下，比如饥荒期，鼎沸的民情会助长法官的雄心，政府便允许最高法院暂时接替行政权，让它折腾一阵，而这些折腾总能在历史上产生回响。但是政府很快就会悄悄重新夺回最高法院的权力，小心翼翼地把对人和事的掌控权拿回来。

仔细研究最高法院和王权的斗争，我们就能发现，斗争几乎全部集中在政治问题上，而不是社会的管理权问题上。新税提案常引起争吵，也就是说，他们争夺的不是行政权，而是立法权，因为只有立法权为两者共有，两者可以争一争。

越临近大革命，这种现象越明显。民怨越来越沸腾，最高法院越来越多地参与政治，同时，中央政府与其各级代理则用经验和技术篡夺更多的行政权。最高法院越来越不像行政机关，而是越来越像古罗马的保民官（民众领袖）。

而且，随着时代的进步，出现了越来越多的新领域，最高法院跟不上时代的发展速度，所以政府就独占了这些活动领域。总是有新事件发生，新案件没有先例可循，所以最高法院束手无策。社会在急速进步，创造着新的需求，而这些新需求只有政府可以填补，于是政府有了新的权力。其他的权力机构的权限都是固定的，只有政府的行政范围可以扩大，所以随着文明的进步，政府可管理的范围不断扩大。

大革命日益临近，法国人的心灵越来越解放，仿佛很多新思想在向人们招手，只有中央政府才能落实这些思想。旧政府在倒台之前，是高度发展的，和其他一切事物一样，政府渐趋完善。当时的政府档案尤其能证明这一点。1780年的财政大臣和总督，与1740年的财政大臣和总督完全不在一个档次上，系统已经全面改造了。官员还是那些官员，但精神变了。时间扩大了政府的权力，锻炼了它使用权力的技巧，赋予它规范性和新的技巧。政府越来越熟练地篡夺社会的管理权，但人们的容忍力简直超越了想象。统治更加专横，但压迫却少了很多。

大革命一举推翻了庞大的君主制度，虽然1800年又重新确立。很多人

◎《人权宣言》

1789年8月26日，法国国民议会通过了《人权和公民权利宣言》（《人权宣言》），全文共17条。该宣言后来被用作《1791年宪法》的前言。

说，1800年的制度原则和1789年前的一样。不，不是的。旧君主制的原则从未消失，只是在1800年重建，现在也仍然在沿用。

如果有人问：集权是旧制度的一部分，它是怎样整体移植到新社会，并融为新社会体系的一部分的呢？我将回答说：大革命没有废除集权，因为，集权实际上是大革命的开端和标志。我还要说，当一个国家废除贵族制，集权是必然的结果。集权是个自然而然的过程，加速它很难，妨碍它更难。所有的一切都指向权力的合一，要保持权力的分裂，可不是件易事。

所以，摧毁了旧制度很多体制的民主革命，自然必须保留集权制。集权制早就存在，而革命创造的新社会里早就为它留了一席之地，人们很容易错误地认为它是大革命的成果之一，但它显然不是。

第11章 旧制度的行政风格和习惯

读一下旧制度时总督与其上级的通信，你就不能不震惊，因为那时官员和当今的官员竟如此相似。有什么样的制度，就有什么样的人，大革命仿佛在两个时代之间划了一道鸿沟，把两个时代截然分开，但两个时代的官员好像越过了鸿沟，并握起手来。民众也没有变，同样适用“制度决定人”的原理。立法可以塑造人的精神，而这种握手则成了这个毋庸置疑的观点最有力的证明。[①]

旧制度下，中央大臣们就有一种痴迷，妄图洞悉所有国家事务，并亲自在巴黎处理所有国家琐事。时代进步了，政府完善了，但这种痴迷却越来越强烈。18世纪末，在任何边远省份的任何角落建任何最无关紧要的慈善工场都要由财政大臣亲自选址、制定规章、监督开支花费。创办收容院，财政大臣必须知道收容了哪些穷人，他们叫什么，什么时候来的，什么时候走的。1733年，也就是18世纪前半部分，达尔让松先生这样写道：“巴黎的大臣们的琐事无边无际，每件事都要经过他们，如果他们的知识

① 该段主要为了说明：制度其实没有变。——译者注

有限，和巨大的权力不匹配，就被迫把事情交给秘书全权处理，这些秘书就成了国家真正的主人。”

财政大臣不满足于对事件的报告，他们要看到每个人的详细信息。总督则同样要求总督代理这么做，然后把总督代理报告中提供的信息一字不差地誊抄一遍，报告给财政大臣，仿佛那都是他亲眼所见一样。

为了能身在巴黎而知道全国的一切琐事，必须有一套庞大的机构与之匹配。于是，公文堆积如山，公共事务的审批慢如蜗牛，一个教区要重建钟楼或修葺神甫的住所，都很少能在一年内获批，一般都需要两到三年。

枢密院自己也承认问题很大，1773年3月29日的一项命令中写道：“行政手续无限拖延，时常引起抱怨，这些怨言非常有理，但是，这些手续是必要的。”

我原以为只有今天的官员才喜欢做统计，但是我错了。旧制度末期，财政大臣经常把印好的小表格发给总督，总督则把这些表格发给总督代理，总督代理再发给教区理事填写。财政大臣要求呈报的信息中，包括土地的特性，土地是如何耕作的，种了些什么，种了多少，牲畜的数量还有人们的风俗习惯等。这样取得的信息报表，和今天的市长和区长搞到的信息一样，详细却不可信。总督代理在表格报告上一般会诋毁本地人民，对他们的品质形成整体不佳的评价。他们经常重复的评价是，“农民生性懒惰，若非为了活命，则拒绝工作。”政府官员好像普遍都接受这个经济信条。

时代不同了，但那时的行政用语和现在的却惊人地相似，同样缺乏文采，重复车轱辘话，含混不清，不知所云。不同人写的公文，都是一个风格，没有个人特点，个人风格被平庸的套词湮没了。读过今天省长的公文，就不必看当年总督的公文了。

18世纪下半叶，狄德罗和卢梭的语言特点广泛传播，渐渐流行，这些作家文风中的多愁善感逐渐感染了官员，财政大臣也不能幸免。政府公文本来都是枯燥的套话，现在都变得有点儿柔情似水，甚至含情脉脉。一个总督代理向巴黎省总督抱怨说：“他的情感如此敏感，以至于每次给下属分配工作都感到阵阵强烈的悲伤。”

当时的政府也会像今天的政府一样，在各教区分发慈善救济，条件是该区居民也筹集一些捐赠。当他们筹集的数量够多时，财政大臣就会在物品分派清单边上写：“好，表示满意。”而当筹集到的东西特别多，他就会写：“好，表示满意和温柔的感动。”

政府官员中没有贵族后裔，所以形成了一个单独的阶层，有其独特的情感、传统、美德、荣誉标准和只属于他们那个阶层的尊严。他们将成为新社会的贵族，它已然形成，就等着大革命一爆发马上接任贵族的位置。

法国政府一直有一个明显的特点，当时也如此。它仇恨一切与公共事务有关联的人，尤其是那些能在它不知情的情况下和公共事务有关联的人，无论是否是贵族。政府不批准就自行成立的独立团体让它害怕，不管多么小。自由结社不管多么小，都会使它不安。它只能允许那些由它创立并由它主持的社团存在。大工业公司也不大招它喜欢。总之，它反对人们管理自己的事务，喜欢看到大家都懒懒散散的，而不是力争上游。但是，法国人是不能没有自由的，否则就无法生存，他们需要自由地讨论有关宗教、哲学、道德甚至政治的一般和抽象的理论。只要人们不打扰任何政府官员，政府并不反对人们攻击社会的根本原则，甚至上帝的存在。官员认为那都不关他们的事。

18世纪的报纸，当时叫作“加泽特”（gazettes），刊登的诗歌数量远多于政论文章，但仍然让政府无限嫉妒。书倒无所谓，但期刊必须严格对待，因为它们无法被任意取缔，于是政府便竭尽所能将其归为国有。我看到过枢密院在1761年致各省总督的一份通告，宣布：即日起，《法兰西报》（Gazette de France）必须在路易十五国王的监督下方能编排，“国王陛下意欲使该报更加有趣，并使其在众多报刊中脱颖而出，所以你们需将本省所发生的一切趣事上报，包括自然哲学和自然历史学的进步，还有其他任何特别引人瞩目的趣事，以彰显你们的善良。”通告还附有一份该报的企划书，介绍说：虽然新版报纸比起其他报纸来，出版频率更高，内容

N.° 103.

GAZETTE DE FRANCE,

Du Mardi 26 Décembre 1786.

De Péterſbourg, le 17 Novembre 1786.

LA navigation eſt interrompue par les glaces; pluſieurs Bâtimens chargés de ſuif & de marchandiſes des manufactures Angloiſes, ſe trouvent pris dans la Newa, dont la navigation n'a été ouverte cette année que pendant 187 jours.

D'Upſal, le 20 Novembre 1786.

LE ROI & le Prince Royal continuent à ſéjourner dans cette ville, & à fréquenter les Cours académiques.

Hier, il y eut Cour chez le Roi; à cette occaſion, le Baron de Juel, Envoyé extraordinaire de Danemarck, remit à Sa Majeſté l'Ordre de l'Éléphant pour le Prince Royal, qui en fut décoré ſur le champ.

De Madrid, le 7 Décembre 1786.

LA Princeſſe des Aſturies, que ſon indiſpoſition avoit empêché d'accompagner le Roi à ſon départ de l'Eſcurial, eſt revenue hier ici; elle n'a éprouvé aucune incommodité de ce voyage, & elle continue de ſe trouver beaucoup mieux.

Ce matin, Sa Majeſté a aſſiſté à la cérémonie des Chevaliers de l'Ordre de Charles III, qui a eu lieu dans la Chapelle du palais en la manière accoutumée.

On apprend de Valladolid, que l'Académie royale de Géographie & d'Hiſtoire établie en cette ville, a tenu, le jour de la fête du Roi, ſa ſéance publique d'uſage. Le Marquis de Gallegos, Directeur, l'ouvrit par un Diſcours, qui fut ſuivi d'une Diſſertation par D. Benoît Verdeſotto, ſur la cauſe du peu de découvertes que l'on fait en mathématiques, dans un temps où les ſecours ſont ſi abondans. D. Manuel Lopez termina la ſéance par une Diſſertation ſur les funeſtes conſéquences que l'ignorance de ce qui fait la véritable félicité des peuples, & les erreurs en matière de légiſlation, produiſent dans le Gouvernement politique & économique des Nations.

De Vienne, le 8 Décembre 1786.

L'ARCHIDUC FERDINAND & l'Archiducheſſe ſon épouſe, après avoir aſſiſté le 3 de ce mois, à la fête de l'Ordre de la Toiſon d'or, ſont partis le 4 avec toute leur ſuite pour retourner à Milan.

Le même jour, la Cour a pris un deuil de 8 jours pour la mort de la Princeſſe Amélie, tante du Roi d'Angleterre.

L'Empereur a fait préſent à la Princeſſe Éliſabeth de Wirtemberg, le jour de ſa fête, de pluſieurs parures garnies en diamans. Le même jour, il lui a remis l'Ordre de Sainte-Catherine, que l'Impératrice de Ruſſie avoit envoyé pour cette Princeſſe.

Des lettres de Roveredo en Tyrol, en date du 10 Novembre, portent qu'après des pluies & des neiges abondantes qui ont duré 7 jours, il y a eu une inondation qui a cauſé beaucoup de dommages. Le ruiſſeau Lano groſſit tellement qu'il détruiſit les édifices voiſins. Les travaux des moulins & des teintures furent ſuſpendus, & on évalue la perte à 200,000 florins.

On a formé le projet de rétablir les anciennes ſalines près de la ville de Schelan. Les États Autrichiens ont du ſel en abondance; on y conſomme par an 1,372,000 quintaux de ſel gemme, 1,363,480 de ſel de ſoude, & 18, 00 de ſel marin. L'exportation de cette denrée à l'étranger, conſiſte en 530,000 quintaux de ſel gemme, 601,225 de ſoude. La Stirie, la Carinthie & la Carniole tirent leur ſel de Salzbourg.

De Francfort, le 8 Décembre 1786.

ON apprend de Buckebourg que la

◎《法兰西报》1786年12月26日头版

更加丰富，但订阅费却少得多。

一个总督拿着这些文件，去让总督代理们收集趣闻，但他们回复说没什么趣闻，总督即如实上报。于是，财政大臣发来另一封信，严厉指责该省竟无趣闻，绕来绕去，最后说：“国王陛下命令我要求你，必须严肃对待此事，这是他本人的意志，你要向下属下达死命令。”

重压之下，总督代理撒开蹄子拼命奔走。其中一个报告说有个人私自贩盐被判绞死，但行刑前表现出了大无畏的精神；另一个报告说他们那儿有个妇女一胎生了三个闺女；还有一个则报告说，当地发生了一场可怕的暴风雨，不过值得高兴的是，没造成什么损失；甚至有人报告说，虽然自己也十分留意，但确实没发现什么趣事，但他自己已经欣然订了一份报纸，因为它实在有用，并打算推荐给自己的邻居，让他们都订。虽然大费周章，但似乎收效甚微，财政大臣又发来第三封信：“国王陛下屈尊降贵，不辞劳苦，亲自监督各种措施以期完善该报，希望保持本报的名气和地位，但看到他的好意竟被敷衍，已经表示非常不满。”

历史是一间画廊，但原创作品很少，基本全是复制品。这一点很容易明白，因为国王只希望出现自己意志的复制品。

法国南部各省政府，都越来越专横，结果只是摧毁了自己的统治。必须承认的是，中央政府从来没有模仿过它们。中央政府一直非常积极，常常有意识地去积极行动，但它的积极行动常常毫无结果，甚至反而有害，因为它总要做自己范围之外的事，或者明知不可为而为之。

中央政府很少进行有益的改革，即使有益也会很快放弃，因为有益的工作都是需要毅力和能量才能完成的。但它总是在忙着更改法律，在它的领域之内，好像从没有清静过。新法律一个接着一个，速度快得让人头晕，而下级官员更是常常丈二和尚摸不着头脑，不知道该怎么办，因为两条命令常常互相抵触。市政官向财政大臣抱怨说，最琐细的法律都在不停地变，“各种法律变化速度实在太快，新制度不断出现，单财政规定一项，就够市政官员们喝一壶的，这辈子甭干别的了”。

法律的本质没变，但条款却五花八门。如果不看旧政府留下的秘密档案，就不能明白它的工作状态，也无法想象为什么法律竟遭人蔑视，甚至连执法者本人都不把法律当回事儿。没有政治会议和报纸可以妨碍和限制中央政府高官们那种反复无常、专横臆断的倾向，他们总是一拍脑门儿，改了一条法律，第二天又一拍脑门儿，就又改成了别的。

枢密院很少发布命令撤回先前颁布的法律，也许是刚刚发布不久的法律，因为总在出台新法，颁布了也执行不了。国王的敕令、皇榜和登记在册的特许令，很少能严格地执行。财政大臣和总督们之间的信件就能清楚地表明，中央政府一直有个习惯，那就是允许人们不按自己制定的规则办事。它很少违法，但为了特事特办或方便，总是在援引自相矛盾的法律的另一条。

一个总督致函财政大臣，请求免除某国家工程承包商的城市税：“确实，如果严格按照我刚刚援引的法律条款，没人可以免税。但是，内行人都知道，虽然那些条款和处罚措施都是敕令、通告和昭告里确立的，也普遍适用，但不是用来逐字逐句解读的，也不排除例外情况。”这几句话包含了旧制度的整个运行原则，严法、宽行是它唯一的特点。

如果想通过法律条文来评判那个时代的政府，就会犯可笑的错误。我找到了法皇在1757年颁布的一道敕令，其中称：凡写作、印刷书刊者，不得攻击宗教或政府，否则一律死罪；出售此类印刷品的书商与贩卖同类印刷品的小贩，同罪。那这岂不是回到了圣多米尼克（宗教裁判所长）时代了吗？不，这恰恰是伏尔泰威震文坛的时代。

人们常常抱怨说法国人最蔑视法律：天啊！法国人什么时候才能学会遵纪守法啊？总体上可以说，人们心里总该有遵纪守法的那根弦，但旧时代的法国人一直都是没有的。每个人都在求情，说自己的案子应法外容情。其求情的态度之坚决，就像在恳求一定要按章办事一样，只是自己的案子实在特殊。而且，政府一般不会拒绝，除非它想拒绝，这时就会按章办事。人民出于习惯而不是意愿服从当局，但这种服从一旦失控，就会连最微小的波动也能立刻激起暴乱，这时就会有镇压，不过不是用法律镇压，而是用专横权力的另外一只手——暴力。

18世纪的法国，中央政权还没有建立现在这种强大健全的制度，但它已经完全摧毁了所有次级权力机构，所以中央权力和民众间的鸿沟越来越大，出现了真空地带，所以中央权力已经成了社会机器的主发条，国家生活的唯一动力。

反政府主义者的文章最能充分证明这一点。大革命前有一阵躁动，其间涌现出一堆关于新社会和新政府形式的计划。改革家们的最终目的不同，手段却非常相似，所有的阴谋家都想说服皇帝来摧毁现存体系，并用自己的方案代替原来的制度。在他们看来，改革的任务太过艰巨，只有那股力量可以完成,。他们都说，国家的权力和权利应当至高无上，唯一的问题是如何让皇帝正确地使用。老米拉波是贵族，有贵族式的偏见，他把总督骂作篡权者，并称如果只有政府有任命法官的权力，法庭不久就会变成“一群代表”，只依靠皇权，只为皇权的荒诞计划服务。

不只书里有这些思想，每个人的精神里也都装得满满的，这些思想是社会和社会习惯的基本色，在日常生活的每个步骤中都彰显无遗。

所有人都认为，国家不帮助，他们的事业不可能成功。农民阶级一般很笨，很驯服，他们被引导着相信，农业之所以退步，主要是因为政府没有提供足够的建议和帮助。一个农民致函总督，语气中带着革命精神，他质疑总督：“为什么政府不派钦差每年巡视各省，好好看看整个王国的农业状况？如果有钦差，他们就能教会农民如何科学种植庄稼，如何管理牲畜，怎么养、怎么催肥、怎么卖、到哪里去卖。当然，钦差必须报酬优厚。而且，必须设置荣誉奖项，奖赏给最成功的农民。”

钦差和荣誉勋章！这堆东西可是萨福克郡的农民想都想不到的鼓励手段。

大多数人都很满意，政府在保证公共安全。骑警队一出现，富人们都肃然起敬，民众心生恐惧。穷人也好，富人也好，他们都把骑警队看作公

◎法国骑警

共秩序的化身，而不是主要工具之一。吉耶讷省三级会议评论说：“所有人都知道，骑警队一出现，最混乱的暴民都会立刻安静下来。”所以每个人都希望自己家门口有一队骑警，这种请求信堆满了总督的档案登记册，好像没有人产生过怀疑，保护者很可能就是主人，他们只是伪装成了保护者。

被驱逐的法国贵族逃到英国后，最让他们震惊的是，英国竟然没有骑警队！有些人对此表示吃惊，有些人则表示蔑视。其中一个很有才华，但也不能接受英法之间的强烈对比的法国人写道：“千真万确，英国佬被抢之后反而庆幸，说最起码自己的国家里没有骑警队。英国佬看到施暴者会义愤填膺，但看到暴徒免遭惩罚回归社会又非常高兴，庆祝法律的每字每句都起了作用，无论代价如何。但是，并非所有英国人都有这些错误的思想。也有英国智者想法不同，而智慧终将战胜愚昧。”

他做梦都没想过，英国人的这些古怪特点，是否与他们的自由有某种关系。他是用科学原理解释的：“在气候潮湿、空气缺乏流动的国家里，人们的性格会罩上一层灰暗的色彩，严肃的话题一定会流行。所以，英国人自然忙于关注政事，而法国人才不这样。”

人们有个人愿望时会向上帝祷告，但在旧法国，政府仿佛取代了上帝的位置，所以人们自然会求助于政府。请求信成堆成堆地涌向政府，每个人都想实现自己最微小的个人诉求，当然，大部分都打着公共利益的旗号。

用来装请求信的文件箱也许是个独特的地方，在这里，旧制度下各阶级可以自由融合。读这些请求信令人神伤：农民丢了牲口，请求补偿；富人请求贷款，好开发土地，获得更多的利益；工业家请求特权，打压竞争对手；商人对总督透露自己的财务困境，说自己现在手头有些紧，请求帮助或贷款。公共基金好像都被用来满足这些请求了。

大贵族请求政府施以援手也不罕见，请求的语气依然高贵，所以很好辨认。对很多贵族来说，地税是主要负担，他们请求总督特赦他们晚缴或干脆免缴。我看到过很多贵族的这种请求信，而且很多都来自地位很高的大贵族。至于原因，一般都是他们收入不足，或者用钱习惯的问题。大贵族一般称呼总督为“先生”，但在请求信中会称其为“阁下”。在请求信里，穷困和高傲会结合起来，形成一种让人感到无限欢乐和讽刺的表达方式。一个贵族这样写道：“您那温暖的心，必定不会坚持要求我这样身份的贵族，像一个平民一样，被严格征收二十分之一税的。”

18世纪充满了饥荒期，各省居民都要求助于总督，仿佛只有他有粮食。每个人都会因贫困指责政府，但是发生天灾时它也中招，比如天不下雨，秧苗都干死了。

看到这些论述，回头再去理解集权为什么能在本世纪初轻而易举地在法国重建，你就不会再感到吃惊了。1789年的人们废除了集权，但它的根基却留在了那些摧毁它的人的心灵深处。正是在这个基础上，集权才得以重建，而且比以前更加的牢不可摧。

第12章 巴黎约等于法国

法国首都的地位压倒性地高于外省，完全控制着整个国家，享受任何一个欧洲国家的首都都没有的地位，为什么？

首都是否能统治国家，不是因为地理位置或面积大小，更不是因为它的财富，这种现象取决于一个国家占统治地位的社会管理形式。

伦敦居民之多，可以抵一个王国，但至今未能绝对控制大不列颠。

美国人做梦都不会想到由纽约决定美国的命运。就算在纽约州内，也没人会想到纽约市的意志可以指挥全州，虽然纽约的市民人口，与大革命爆发时巴黎的居民数量相等。

而且，宗教战争时期，巴黎人口占王国总人口的比例和1789年时相同，但那时的巴黎是无力的。投石党运动时期，巴黎不过是法国最大的城市，而在1789年，巴黎已经等同于法国本身了。

1740年时，孟德斯鸠致函一位朋友：“法国可以分成两部分，巴黎地区和巴黎还没有吞噬的几个遥远的外省。”想象力丰富的米拉波侯爵，偶尔也能深刻一把，他在1750年没有指名道姓地说到巴黎：“首都是必需的，但如果头部过大，身体就会中风并慢慢萎缩。如果外省的人没有功名利禄的途径，所有的人才都被聚在首都一处，那么外省就不再有充分的独立性，其居民就成了二等臣民。如此一来，后果真是不堪设想！”米拉波继续说：从外省抽走显贵、领袖和有能力的人，这个过程是危险的，会默默地产生革命。

前面的章节中已经非常详细地解释过出现该现象的原因，在此就不再重复了，免得使读者不耐烦。

政府注意到了这场革命，但只是把人口的迁移看成了城市的累赘。越来越多的人涌向巴黎，所以管理越来越难。历届国王都颁布过大量敕令，限制城市的过快扩展，尤其在17、18世纪。君主把整个法国的国家生活持续地聚集在巴黎，却渴望保持巴黎的小巧。人们不能随便盖新房，如果非要盖的话，就必须用最昂贵的方式在最不显眼的地点盖。但一道道敕令也都承认，前一敕令显然没有阻止巴黎的疯长。路易十四曾六次大发神威，努力阻止巴黎扩展，均以失败告终。敕令并不管用，巴黎仍然在不断扩大。但是，巴黎的权力比面积膨胀得更快，它之所以拥有这种地位，不是因为巴黎内部在做什么，而是因为城墙以外在发生什么。

因为巴黎扩大的同时，农村的地方选举权在不断消失，独立生活的激情和特征在消失，农村特有的东西在消失，古老的国家生活的最后痕迹闪了一下，然后就不见了。国家变得衰弱了？错，相反，国家生机勃勃，而且从未这么活跃过。不过，国家生机的动力的发动机只有一个，那就是巴黎。成千上万的例子中，我只举一个即可说明此事。财政大臣收到的有关出版业的诸多报告中，有一份写道：16世纪和17世纪初，外省的城市中有很多大型印刷厂，但现在找不到一个印刷工人，因为没什么可印的。18世纪末，法国出版的各类印刷品总量要比16世纪时多得多。其实秘密很简单，思想只在巴黎发光，别的地方都灭了。巴黎把外省消化了。

这是大革命的前奏革命，完成得很漂亮。

著名旅法作家亚瑟·杨格离开巴黎时，三级会议刚刚召开几天，随后，巴士底狱就被攻陷了。他曾震惊于城市和乡村的强烈反差。在巴黎，一切都在活动，在沸腾，政治宣传册数量非常巨大，一周竟有92种。他说：“在伦敦我也从未见过这种出版狂热。”但是，一出巴黎，他就只能看到一片死寂和惰性，没有宣传册，报刊寥寥无几。其实外省也被点燃，准备好了行动，但是它们不能迈第一步。人们聚会的目的，就是打听巴黎人在干什么。在外省的每个城市，杨格都会问居民们想做什么。“各处回答都一样，”他说，“‘我们只是个外省城市，你得去巴黎看看他们想做什么。’”他进一步说：“那些人甚至不敢有什么思想，直到他们知道巴黎人都是这么想的。”

制宪会议①一举废除了法国的所有旧省，很多省份比法皇还古老，它把王国划分成了83个不同的部分，就像在新世界划分处女地一样轻松。人们十分诧异：为什么会这么容易？整个欧洲没有准备好接受这个行为，所以感到惊讶和恐惧。伯克说：“这还是第一次，一个民族把自己的国家野蛮肢解。”那看起来确实像肢解活人一样，实际上只是分尸。

巴黎变得越来越无所不能，同时，巴黎内部也在发生另一种变化，很值得注意。它一直是贸易、商业和娱乐的天堂，现在更是一个制造工业城市。这种变化赋予巴黎一种令人生畏的新特点。

巴黎早就必然如此了。从中世纪开始，巴黎就是法国面积最大、工业最发达的城市。后来，它和其他城市的差距越来越大。行政权都在巴黎，工业和艺术能量自然尾随其后。巴黎成了时尚的仲裁者、权力和艺术的唯一中心、国家生活的焦点，全国的制造业渐渐收缩入巴黎。

虽然我一般不太相信旧制度的统计数据，但我认为这次不冒风险，我敢断言，大革命前60年间，巴黎的工人数量绝对翻了一番以上，但同时巴

① 1789年5月5日，三级会议在凡尔赛宫召开，第二天陷入僵局。5月11日，第三等级代表独自成立公社。6月17日，公社自行宣布成立国民议会。教士阶级代表于6月19日加入。6月20日，在路易十六和贵族阶级的威胁下，国民议会被迫转移到一个网球场，发表了“网球场宣誓”，宣布不制定宪法绝不解散。7月9日，国民议会更名为国民制宪议会，开始发挥政府功能并起草宪法。1791年9月30日制宪议会解散，次日成立立法议会。——译者注

◎攻占巴士底狱

黎的人口只增长了1/3。

除了上面说的那些一般原因，还有一些奇怪的动机把法国各个角落的工人都吸引到了巴黎，而工人聚集的几个特定的地方，后来成了专门的“工人居住区”。财政政策加在工业身上的枷锁，巴黎比外省要轻，在巴黎可以随便开贸易公司，别的地方可不这么容易。圣安托万和唐普尔区的居民在该方面则更有特权和优势。路易十六扩大了圣安托万区的优势特权，鼓励该区屯聚大量工人，按照这个不幸君主的原话说就是：“希望给圣安托万区工人一个新恩泽，减轻他们的负担，这些负担既损害工人利益也损害贸易自由。”

大革命的前几年，巴黎的加工工厂、制造工厂和高炉数量如此巨大，政府终于恐慌起来。工业进步使官员满脑子充满奇怪的恐惧。我在1782

年的一份文件里发现的一道枢密院令说：“国王陛下担心工厂的过快发展会导致木材的过多消耗，损害城市的木炭供应，故禁止在城市方圆15里内建造新工厂。”其实工人聚集才是真正的危险所在，但没人注意过这事儿。

如此，巴黎成了法国的主人，而将来要掌控巴黎的军队也已经集结起来。

我相信今天的人们会一致认同，行政集中和巴黎的无所不能，是过去40年中历届政府不断垮台—出现—垮台—出现—垮台的主要原因。君主制突然猛烈地倒塌了，很大程度上也是因为这两个原因，要证明并不难。这两点是孕育大革命的两种影响力，而大革命是所有其他革命的母亲。

◎旧巴黎城市布局

◎Braemar城堡：这是一个领主庄园及其周围地区

第13章
千人一面的法国

法国人彼此非常相似，其他任何民族都不这样。

细心的研究者很快就会发现，法国的旧制度中有一对颇为显眼的矛盾。好像上层和中产阶级——唯一引起人们注意的阶级——的人，和他的邻居完全相似。同时，这个千人一面的群体被分裂成无数个小单位，每个单位都有排外独立的结构，除了自身利益，其他毫不关心。

法国社会无止境地裂变，所以法国人需要团结，需要共同的情感，想到这里，我开始明白为什么大革命能在一瞬间自上而下彻底推翻这个社会。大变革必定一举消除所有小集团隔阂，创造了世界上最结实、最同一的社会体。

上面说，长期以来，各省的特点已经逐渐消失。这种变化非常强大，有吞没整个法兰西民族之势。还存在等级差异，但全国统一的趋势已隐约可见。全国法律整齐划一。随着18世纪的脚步，敕令、皇榜、枢密院令的数量越来越大，用统一的方式在全国推行同样的法律。统治者和人民一致认为，全国统一的法律系统是必需的。这种统一思想在大革命前的30年里不断出现在各种改革规划中。可以说，两个世纪之前，就已经需要这种思想基础了。

各个外省越来越像，人也越来越像。不同等级和社会地位的人之间开始出现一种明显的相似性，或者至少，那些不属于“人民”——那时就那么叫——阶级的人们越来越像。

1789年，三个等级一起发出的陈情书就是明证。显然，签名的人有着不同的利益诉求，但在所有其他方面，他们都一样。

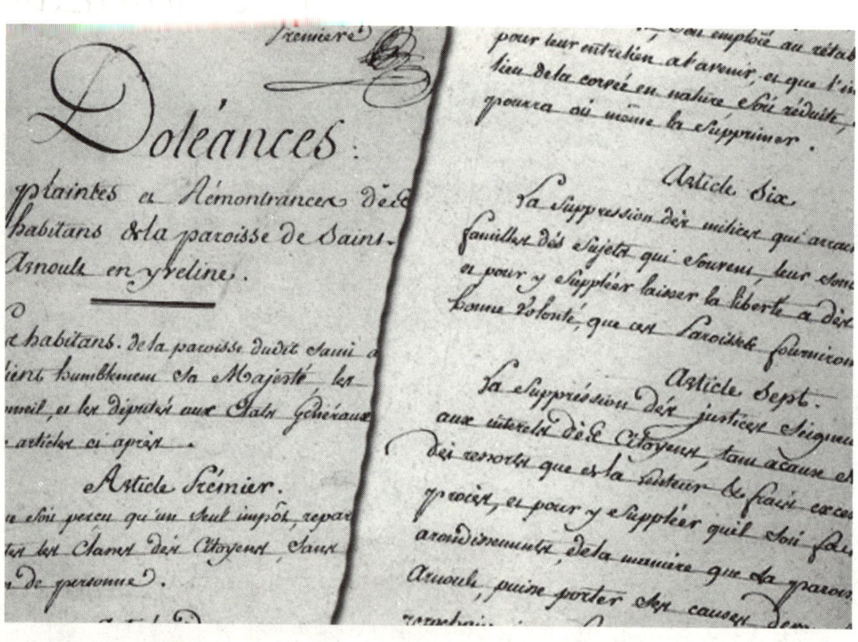
Doléances
plaintes et Rémontrances des
habitans de la paroisse de Saint-
Arnoult en Yveline.
Article Premier.
Article Six
La Suppression des milices
Article Sept.
La Suppression des justices Seigneu

◎1789年的陈情书

以前的三级会议还不是这个样子，相反，中产阶级和贵族阶级有相同利益，有共同目的，他们并不彼此对抗，虽然你能看出来他们不是一类人。

特权曾把这两类人分开。随着时间过去，这些特权一直都在，偶尔还加重，但是，在所有其他方面，他们之间的相似性却不断增强，且只增不减。

几个世纪以来，贵族一直持续贫困下去。一个贵族在1755年悲伤地说："贵族享有特权，但日益陷入困境甚至毁灭，而第三阶级则继承了他们的财富。"保护贵族的财产和经济地位的法律一直没变，但是贵族失去了权力，所以越来越穷。

人们几乎本能地认为，人类的社会制度就像人体一样，除了有特定功能的器官之外，还要有一种无形的力量，这力量就是生命力，是生命的关键。如果没了生命力，各个器官看起来仍在正常运转，但实际上整个机器却已经开始衰败，并稳步走向死亡。

法国贵族保留了限定继承权（伯克认为，该权在法国比在英国更常见，也更有法律效力）、长子继承权、不可赎买的地租税以及从封建传统中获得的大部分有益的权利。贵族不再需要服兵役，但缴的税项却比以前少了，也就是说，他们责任少了，特权仍在。而且，他们还享有很多父辈没有的经济优势。但是，因为无论在理论上还是在实际上，他们都不再管理社会，所以变得越来越穷。上文提到过的那种大规模土地分割，原因正是贵族们越来越穷。

贵族把土地分成小块儿卖给农民，只保留领地租金，但领地租金只是名义上的收入，实际上几乎等于没有。许多外省，比如杜尔哥所在的利摩日（Limoges）地区，充满了贫穷的贵族，他们已经没有了土地，所以变得无足轻重，只能靠领主权利和领地租金获得微薄收入，勉强维持生活。

"在这个省（上维埃纳省，Upper Haute-Vienne），"一位总督说，"本世纪初有几千家贵族，但其中年收入接近两万里弗尔的家族不足15个。"我发现了一份备忘录，是1750年弗朗什-孔泰省总督留给下一任总督的，其中写道："本地贵族十分高贵，但非常贫穷，穷得只剩下高贵了。和过去的荣耀比起来，现状使他们感到莫大的耻辱。当然，保持贵族的贫困状态是好的，他们必须向我们求援，所以可以为我们服务。"总督接着说，"他们有一个协会，拿不出4个25分硬币的人不得入会。该协会没有得到官方书面认可，但一直被允许存在，因为它每年只聚会一次，而且总督还会莅临。那些贵族聚在一起用餐，做弥撒，然后回家，有些人骑马，另一些人步行。你会喜欢这滑稽的聚会的。”

整个欧洲大陆上，在那些封建制度正在消失但还没有出现新贵族的国家，都像法国的例子一样，贵族正快速跌入贫困的深渊。贵族的没落，在莱茵河流域的德意志诸邦中最为明显，只有英国的情况恰恰相反。在英国，古老的贵族家族不仅还存在，而且比以前更加富有了。他们是英国最富有和最有权力的人。他们的新贵邻居们企图与其比肩，但只能低劣地模仿，根本不可能比他们高贵。

在法国，平民继承了贵族失去的财产，仿佛平民吸收了贵族的身体而变胖。法律既不保障平民，也不帮他们致富，只是平民的财富就是越来越多，变得和贵族一样富有，或更加富有。他们把财富投资于贵族持有的土地，所以，虽然他们通常住在城市里，却一般都有乡下大宅，甚至有人还有领地。

两个阶级接受相同的教育，过着相似的生活，所以相似点越来越多。平民和贵族一样博学多识，和贵族的学习方式也一样。两者被平等地用相似的方式进行教育，接受同样的理论和文学教育。巴黎成为法国的唯一导师，用同一模式和模板塑造所有的心灵。

无疑，在18世纪末，人们还能看到贵族和平民礼仪上的不同。虽然贵族没落的进程不可遏制，但最能抵御它的，就是礼仪这种表面功夫了。实际上从根本上讲，所有非“人民”阶级，都有诸多相似，他们有相同的思想、习惯、品位和消遣形式，他们读同一类书，说同样的语言。他们只是权利不同罢了。

我怀疑，其他国家是否有法国这样的事实，是否也到了同样的地步。在英国，虽然不同的阶级被共同的利益绑牢，但他们在精神风尚和行为习惯上仍有显著的不同。上帝允许人享有政治自由，使人亲密连接并相互依存，但并不支持一方吸收另一方。其实从长远看，只有独裁统治才必定使人们千人一面，成为彼此的复制品，成为一个个自私的容器。

第14章
分裂冷漠的法国

法国人如此相似，为什么却比以往更加分裂成一个个小集团，彼此独立，漠不关心？

现在让我们看一下这幅画的反面。还是那群有很多共同特点的法国人，为什么分裂成无数独立的小集团，比与之同源的其他任何民族更加分裂？

人们有理由相信，封建制度在中世纪的欧洲建立之后，被称为贵族的那个阶级并没有形成一个种姓，他们只是由国家的大人物组成的贵族阶级。我不想在这里详细讨论这个问题，我只想说我的观点，我认为中世纪时，贵族确实是个种姓，也就是说，血统是其最显著的标志。

这个群体是掌权者，所以它是贵族阶级，但只有血统才能决定谁来领导这个群体，而没有高贵血统的人进入不了这个群体。没有血统，即使可以在政府里有或高或低的职位，但永远都属于从属地位。

封建制度在欧洲大陆扎根时，种姓就形成了。只有英国不是这个样子。英国有一个很显眼的特殊事实，让我一直非常惊讶，它是那把唯一正确的钥匙，可以解开其法律、精神、历史之所以与众不同的谜团。但这个事实却没有引起过哲学家和政治家们的充分重视，出于习惯，英国人自己也没有充分认识它的重要性。人们曾经不经意注意到过，或者不经意描述过，但没人清晰充分地意识到过它的存在。1739年，孟德斯鸠游历大不列颠时，确实写过：“我现在所在的国家，和西欧别的国家都不太一样。”但他没有继续。

英国和欧洲他国不同，不是因为它的国会、自由、出版自由和陪审团体系，而是因为一个更为重要的特点：英国是唯一一个没有改变种姓制度，而是彻底废除了种姓的国家。英国贵族和平民从事着同样的行业，做着同样的工作，而且最重要的是，贵族和平民可以互相通婚。最高贵的贵族之女也可以嫁给毫无阶级地位的平民，也根本没什么不体面一说。

如果你想知道种姓及其相关的各种思想、习惯、障碍是否在某地废除，看一下那里的婚姻状况即可，通婚是一个地方是否存在种姓的试金石。法国到今天已经实行了60多年的民主制度，旧贵族和新贵族在所有其他方面都已经区分不开，但是，旧家族仍然对两者的联姻之事嗤之以鼻。

人们常说，英国贵族比其他任何国家的贵族都更加聪明、灵活、开放。但是实际情况是，在英国，已经很久没有中世纪时的严格意义上的贵族了。

严格意义上的贵族很久以前就消失了，湮没在时间的黑夜之中，无从稽考，如果说还有什么证据的话，英国人的语言就可以证明。许多个世纪过去了，gentleman[①]（绅士）的含义已经变了，而roturier（平民）则完全消失了。1664年，莫里哀写了《达尔杜弗》，其中一句话根本无法直译为英语：

Et，tel que l'on le voit, il est bon gentilhomme.[②]

语言是一盏灯，可以让我们看到更远的历史。比如，当我们追溯一下gentleman（绅士）的整个演变过程。法语词gentilhomme（贵族）衍生出了

① gentilhomme意为“贵族”，英语中的对应词gentleman原意也为“贵族”，现意为“彬彬有礼、有绅士风度的男性”。——译者注

② 法语翻译成汉语为：“你看啊，那德行也是贵族？”直译成英语为And as you can see, there is a gentleman.意为：“你看，他也算文质彬彬？”——译者注

英语词gentleman（绅士），但随着英国各个阶级之间的[illegible]它的含义变宽了。数个世纪中，该词指代的人的社会等级越来越低。当英语带着它所有的内涵传到美国后，美国人用它指所有阶级的人。这个词的历史就是民主的历史。

在法国，gentilhomme（贵族）一词的含义一直未变。大革命后，这个词被废弃使用，但词义没变，仍然指一个贵族。这个词被原封不动地保存下来，因为种姓本身得以保留，仍然和其他所有阶级远远分开，和以前一样。

我还要更进一步。我要说，法国的种姓越来越封闭，和其他阶级的距离越来越远，所以，法国社会的运动方向恰恰和英国背道而驰。当法国的平民和贵族越来越平等，他们之间的距离却越来越远，他们的相似性不但没有拉近彼此的距离，反而使他们更加疏远。

中世纪时，封建制度生机勃勃、如日中天，一大片领地上的小块土地所有者，术语叫vassals （封臣）——无论他是不是贵族——都需要经常协助领主治理领地，这实际上是分封土地最重要的条件。他们有了封号，就不仅要在战争中随领主作战，每年还要花特定的时间在领主法庭里主持正义，协助管理领地。领主法庭是封建管理的主发动机，在欧洲所有的古老律法中都存在，而且，今天德意志的很多地方仍然可以看到很多明显的痕迹。大革命前30年，学富五车的封建学者艾德姆·德·弗雷曼维尔曾认为有必要写一部巨著，专门研究封建权利，并收录和恢复领主法庭的卷宗，他告诉我们，他看到“带着各种各样封号的封臣，每14天便要出席领主法庭，坐在那里和领主或领主的代理法官一起受理领地居民之间的纠纷和诉讼”。他“有时能在一个领地上发现80个、150个甚至200多个这样的封臣，很多都是平民”。我引用他的原话不是为了证明该传统的存在，因为证明存在该传统的证据太多了。我是要证明，从一开始，农民就和贵族联系紧密。农民和领主经常一起处理同一件事情。领主法庭和农村的小土地所有者之间的关系，就像省三级会议和城市资产阶级之间的关系一样，也和后来的全国三级会议和城市资产者之间的关系一样。

研究14世纪的省三级会议和国家三级会议的档案，人们将不禁惊讶，第三等级在会议中发挥的作用和拥有的权力竟如此之大。

◎第三等级的觉醒（《The Awakening of the Third Estate》）：贵族和教士看到第三阶级扔掉了身上的锁链倍感惊恐

14世纪的资产者个体们的地位，比在18世纪时的地位低下得多，但作为一个整体，当时却占据着更高、更稳固的位置。第三阶级参加政府管理的权利不容置疑，他们在政治会议中始终起着巨大作用，甚至主导作用。其他的两个阶级无时无刻不认为有必要和第三阶级修好。

尤其令人吃惊的是，那时的贵族和第三阶级，竟能轻易组成联盟，共同管理社会事务或对抗共同的敌人，后来就不行了。14世纪时常有政治灾祸，所以国家三级会议就不规律地带着革命性质，而省三级会议就算没什么灾祸也总是带着革命性。奥弗涅省就是这样，三个等级共同制订最重要的计划，并从三个等级中选出数量均等的人员组成委员会，监督计划的实施。同时期的[illegible]也是同样的情景。[illegible]发联合起来，对抗皇权，保卫选举权和各省权利，该著名联盟大家都非常熟悉，所以无须多说。那时的法国有很多类似的插曲，就像英国历史的翻版，但后来就再也没有了。

随着贵族统治的解体，三级会议召开得越来越少，甚至完全停止了。全国范围和地方范围的自由一起消失了，第三等级和贵族便不再在公共生活中联手了，因为已经没有必要再坐在一起互相理解了。他们日益各行其是，成了彻底的陌生人。到了18世纪，变化过程结束了，贵族和第三阶级不再是朋友，而成了对手和敌人，私下从不会面，除非偶尔撞见。

法国还有个特殊之处，贵族作为一个阶级在没落，但贵族作为个人仿佛拥有了更多的特权。贵族作为一个阶级的政治权力越来越小，贵族作为个人却获得了新的权利，旧特权也提高了。贵族作为一个阶级丧失了整体的权威，但新主人却更愿意从贵族中选择仆人。路易十四时，平民容易当官，路易十六时就不太容易了。普鲁士的平民是可以当官的，但同时期的法国就不行。所有新特权都是世袭的，和血统不可分割。贵族越不掌权，就越变成了一个种姓。

让我们看看所有特权中最让人讨厌的免税权吧。从15世纪到大革命，很显然免税权一直在增长，税负越重，免税权就越值钱。查理七世在位期间，征农业税只有120万里弗尔，所以免税权好像不算什么，但到了路易十六时，农业税已高达8000万里弗尔。如果贵族只是免缴农业税，免税权也不算什么，但当捐税以各种名目、各种形式被创造出来时，当另外四种税被归为农业税附加税时，当新税——比如适用所有公共工程的皇家劳役税和兵役税——只有贵族不用缴、其他所有人都要缴时，这免税权就显得特别大了。不平等当然很大，而且看起来比实际上更大，因为贵族免的税，全都摊到佃户头上了。但是，在这些方面，看起来的不公比实际上的不公显得更大，更不可原谅。

路易十四末期，迫于财政需要，最终确定了两项所有等级都适用的税，人头税和二十分之一税。但是，贵族的特权受到整个民族发自内心的尊重，即便触犯它时也谨小慎微，所以征税的方式有所区别，对平民征税，就非常严厉而粗暴，对贵族征税，则尊敬而温柔地请求。

税收在整个欧洲都存在不平等，但法国的则最让人难受，好像最明显。德国大部分地区大多税都是间接税，而直接税贵族也不全免，只是比别人缴得少。而且，贵族还要缴一些特别税，比如兵役税，因为以前他们是服兵役的，现在则不用了。

在所有把国家分裂成阶级的措施中，不平等的课税最有效，最危险，因为会使各阶级分裂得无法修复。每年都要征税，所以，人们每年都被重复提醒，有一道永不褪色的明线横亘其间，把缴税者和免税者截然分开。特权阶级的每个成员都热切地要保留这种特权，保持自己的孤立性，不和那些需要缴税的大老粗混淆。

所有或几乎所有的公共事务都起于税，或以税终结。所以，当两个阶级的人缴税不平等，他们便没有了共同的兴趣和情感，没有理由坐下来协商，没有机会也没有愿望共同行动。

伯克曾谄媚地勾画了一幅旧制度的全景图，他支持贵族制度，说：资产者的社会地位也可以提高，因为花钱就可以买到官职。所以显然，他觉得法国旧制度的这个特点和英国贵族阶级的开放性相等。

为了削弱贵族的权力，路易十一确实曾采取措施，自由地增加封爵的人数，其继任者们则为了获得财政收入更加慷慨地封爵。内克尔记录道：他那个时代，4000个官职的任职条件是有贵族头衔。欧洲任何其他国家都没有类似特点。而伯克则努力证明法国和英国很像，所以伯克当然错了。

英国中产阶级坚定地支持贵族阶级，原因不是英国贵族的开放性，而是英国的贵族阶级定义不明，界限不清。英国人能容忍贵族，不是因为他们能成为贵族，而是因为贵族就在身边，和平民并无二样，他们认为自己可以是贵族的一分子，可以同样高贵，获得与贵族权力相同的荣耀和利益。

过去），标志非常显眼，所以很讨人厌。当一个人越过界线，平民成了贵族，他就脱离了原阶级，成了享受特权的另一个阶级，于是，原阶级就开始讨厌他，因为他的特权让原阶级自惭形愧。

所以，平民可以成为贵族的制度，丝毫没有减弱平民对贵族的仇恨，反而使仇恨无限增加了，尤其是新贵，更是招来了原阶级最强烈的嫉妒。所以，第三等级在陈情书中的怒火并非指向旧贵族，而是新贵，他们强烈要求关闭通向贵族的门廊，而不是打开它。

法国历史上的所有时代，贵族头衔都不像1789年一样容易获得，而贵族和平民之间的距离也从来没有如此明显地分离过。贵族把任何带着一丝平民血统的人赶出自己的选举团，平民也同样把所有看着像贵族的人都赶走了。在某些省，旧世袭贵族鄙视新贵，他们觉得这些暴发户根本没有高贵的血统，而旧贵族也被新贵排斥，因为新贵认为旧贵族也就多存在了几代，其他什么都不是。据说名人拉瓦锡[1]就特别讨厌新贵族。

资产阶级也像贵族阶级一样，他们和普通大众截然分开，就像贵族和他们截然分开一样。

旧制度下，几乎所有中产阶级都住在城市里。原因有二，贵族的特权与农业税。住在领地上的领主，对农民非常客气，而且经常帮助他们，但对在某种程度上高于自己的那些邻居则傲慢无礼。随着贵族权利的缩水，他们却越来越骄傲，越来越无礼。他们被剥夺了权利，但是不需要敷衍官员，所以倾向于无限地侮辱这些冒牌贵族，来安慰自己实质权利的丧失。新贵不住在领地内的现象，不仅没有减轻旧贵族邻居们的痛苦，反而使其增加；新贵们不在，所以要把事务交给代理来打理，行使各种特权，这就更让旧贵族气不打一处来。

① 拉瓦锡，法国化学家，近代化学的奠基人之一。拉瓦锡之于化学，如同牛顿之于物理学，提出的理论有燃烧的氧学说和质量守恒定律等。在法国大革命中被处死。——译者注

但我怀疑，农业税及农业附加税是否比这个原因更有说服力。

几句话就能轻松说明，为什么农业税在农村比在城市更有压迫性，但读者可能觉得没有必要。所以我只说，住在城里的资产阶级有各种办法逃避农业税，至少部分逃掉，如果留在领地上，就不可能了。不住在领地里，他们规避了农业税，而这种义务本身就比税额更加可怕。这很有道理，因为在旧制度下，甚至任何一种制度下，都没有比教区征税员更蛮横的官职了。我将在下文详述该问题。但是在乡村，只有贵族不用受这份罪，所以有钱人宁可出租房产并逃到附近的城市里去。我有幸看到过一些秘密文件，而杜尔哥说过的一句话和那些文件如出一辙："农业税的征收过程，把农村的平民土地拥有者都赶往城市，成了城市资产者。"顺便提一下，这就是法国的城市比大部分欧洲国家的城市都多的原因之一，小城市尤其多。

富裕的平民住在城墙之内，很快就失去了对田园的爱好和情感，失去了对耕作的兴趣，留在农村的人现在还在做的事情，对他们来说已经变得完全陌生。自此，他们生活的目的就只剩下一个了，也就是在这座移居的城市里谋得一官半职。

有人认为，法国人骨子里当官的热情，尤其是中产阶级当官的狂热，开始于大革命，这是个严重的错误。它产生于很久以前，因为从大革命起，这种热情被稳定地鼓励，所以一直在发展和增强。

旧制度的职位和现在的职位不一定相同，但我觉得应该更多，小职位则应多如牛毛。单1693~1709年之间，新设的职位就高达四万多，而且最穷的平民资产者也能买个小官当当。我曾经亲自动手数过，1750年的一个中等规模的外省城市，法官竟多达109人，法院传令官则有126人。中产阶级做官的热情和渴望从未如此强烈。当一个人赚了一小笔钱，他立刻就会去买职位，而不是投资商业。这种对公共职位的痴迷十分可怜，比起行会垄断和农业税来，更强烈地伤害了法国农业和商业的发展。一旦职位不够用，没什么空缺可卖，求官者就会自己开动脑筋，发明出新的职位。一个个行业设立监察员，而且认为自己是最适合担任该职务的人。[illegible]个朗贝尔维尔？如果一个人受过教育，又有点儿余钱，那么，不弄个一官半职，死都不会安心的。当时的一个人说：“每个人都想方设法从国王那里谋个一官半职。”

对做官的热情，此时比那时更甚，但那时和此时有一个最大的本质区别：那时的政府售卖官职，今天的政府则授予官职，人们不再需要花钱，只用出卖自己的灵魂即可如愿。

富裕的农民成为了资产阶级，区别不在于居住的地方不同了，也不是生活方式，而是经济地位。人们抱怨贵族有免税特权，这很正常；但抱怨中产阶级什么呢？他们占据着成千上万个职位，每个职位都有各种特权，这个职位免兵役税，那个职位免劳役税，另一职位则免农业税。当时有个作家这样写道：“哪个教区里，除了贵族和教士，没有几个靠买来的官职而免税的人呢？”有时，因官职免税的人实在太多，致使国家的农业税大幅缩水。正因如此，时常会有一些虚职被废除。我丝毫不怀疑中产阶级的免税情况和贵族同样多，甚至更多。

这些可怜的特权激起了无特权之人的无限嫉妒，而有特权者则更加自私、骄傲。纵观整个18世纪，城市和附近的农村之间充满了敌视和嫉妒，这种现象非常普遍。杜尔哥说：“城市被自私垄断，它只顾自己的利益，随时准备牺牲附近农村和村庄的利益。”杜尔哥在另一个场合提醒他的总督代理们一直以来如何“频繁地抑制城市的倾向，城市的那种篡夺和侵犯本地农村和乡村权利和特权的倾向”。

中产阶级也尽力和城市中的底层人保持距离，甚至仇视他们，因为大多本地税都是为那些人制定的。杜尔哥在某处评论道：“中产阶级一般都在努力逃避城市里的税赋。”我发现他说得太对了。

但这不是中产阶级最明显的特点，他们最怕和普通民众混淆，他们强烈地渴望不再属于普通大众阶层，不管以什么方式。一个城市资产者给财政大臣的一封奏折中说：“如果市长职位将由选举产生的决定是国王的旨意，那么，最好把候选人严格地限制在本市的主要显贵中，最好只从议会代表中挑选。”

我们经常看到国王痴迷于制定政策，把城市的权力收归国有，从路易十一到路易十五，一切政策都有这个主要特点。资产者常常帮助实现这些计划，有时还是他们提出的。

1764年的市政改革期间，某总督询问某小城的市政官，是否有必要保留底层阶级对官员的选举权。官员们实话实说：“人们从未滥用过自己的选举权。留给他们挑选自己十人的权利，是善良之举，但为了公共和平和安宁考虑，最好还是把它交给显贵们自行选出。”该城的总督代理报告说，他已被邀请去参加一个秘密会议——“本地领袖公民六人团”，这六个人一致同意市政官员需要选举，但不可委托给显贵会议进行选举，而应从显贵会议的各代表团中再各选出几个代表，实施选举。总督代理比这六个公民要开明，他是支持民众自由权的，在向总督报告了他们的意见后，总督代理补充了自己的观点：“但对工人们来说，被不用缴税的同市人收走税款，自己纳了税，却被剥夺控制自己税款如何花费的权利，他们是不在乎的。”

为了完成整幅全景画，让我们把中产阶级单独拿出来，而不是把它放在和大众的关系中，就像我们之前把贵族阶级单独拿出来，而不是把它放在和中产阶级的关系中。

城市本来就很小，而这一小部分最惊人的特点是，无限地向下分裂。当代科学不断地把物质分解，分解，再分解，越仔细研究一个东西，它就越被分成新的元素。法国人正像那些所谓的原始元素。我仔细研究过一个小城，找到36个不同团体的名称。这些团体已经很小，再小就不能叫团体了，但仍然可以再分裂。它们不断地清除不属于本团体的成员，以便把自己精简为元素。剩下的人越少，他们就越好斗，越自大。清除异质后，有时成员就只剩三四个人了，尽管如此，成员之间还在为奇异的权力互相争斗。当然，不是为了荣誉，因为荣誉是不值得争的。他们之间无休止地争

[illegible]高等法院举棋不定，但国王为高等法院解了围，把此案调案给枢密院了，这才得以判决。该案闹得满城风雨，尽人皆知，真刺激。”

如果显贵大会授予某个团体优先权，未授予优先权的团体就会受到伤害，从而拒绝出席，它宁可放弃对公众的义务，也不愿看到自己的尊严受辱。箭城的假发师协会就是这么说的，它决定“以此种方式表示抗议。让面包师协会比本会有优先权，对本会造成了很自然的伤痛”。某城市的部分显贵拒绝履行义务，“因为，”总督说，“会议接纳了几个工人，而要员们不愿屈尊降贵与之为伍。”另一个总督说：“如果一个小小的公证人都可以做市参议员，所有的显贵都会觉得恶心的。因为公证人一般出身卑微，非名门之后，而且年轻时都做过小职员。”上面提到的那六个公民领袖，急切地要剥夺民众的权利，但讨论到显贵的标准是什么、他们之间的主次等问题时，就陷入了泥潭，讨论被迫终止。为什么没有讨论出个结果，那六个人拐弯抹角地用了很多委婉语，而不是直截了当地说，他们说，他们“担心会伤害同城同胞的情感”。

小集团之间的摩擦，擦出了法国人奇异的虚荣，却把公民应有的自豪感浇灭了。16世纪时，行会大多已经存在，其成员在处理完内部事务后，还常会混迹市民当中，共同探讨城市的共同利益。但18世纪时，它们几乎全部封闭起来，只考虑自己的事情，对城市公共生活再提不起任何兴趣。

我们的祖先没有发明“个人主义”这个词，这是我们自己造出来的标签。古代法国不需要它，因为那时根本没有什么人可以完全独立，和任何团体都不搭边儿。但是，众多小团体都是异常自私的，所以出现了一种“集体个人主义”，可以这么说吧，这种集体个人主义为我们今天真正的个人主义做好了精神方面的准备。

旧社会最奇异的特点是，分属不同团体的人竟然惊人地相似。你只能通过他们的环境分辨他们是谁，换一个环境，他们就变成了另外一个人。而且，他们内心一致认为，那些把他们分开的小障碍让他们成为互相对立的派系，这些障碍是违反公共利益和常识的。从理论上说，他们都支持统一。每个人都坚持自己那一套，因为别人也都坚持他们自己那一套，但是，法国人已经准备好融成一团，把所有人的地位都拉平。

第15章

穷人纳税，富人免税及卖官制度

政治自由荡然无存，加上阶级分裂，导致旧制度罹患所有疾病，这些疾病直接杀死了旧制度。

摧毁旧制度机体的最致命的疾病，已经说过了。现在让我们继续向前追溯，去寻找这个可怕怪异的疾病的根源，而且看看从这个根源到底还生出了其他哪些弊病。

英国人不像法国人，他们有政治自由和由此派生出的地方选举权，所以在中世纪的诸多危机中，英国贵族的诸多阶层一直没有脱离民众，而法国贵族则不同。正是自由精神使英国贵族和民众站在一起，不离不弃，一旦出现互相理解的需要，他们就能立刻达成一致。

看到英国贵族有这么个特点，你可能会觉得很有意思。英国贵族是有野心的，他们要永久居于社会顶端，出于此目的，他们常和底层阶级打成一片，只要需要，他们还能把底层阶级当成同级。

前面说到的亚瑟·杨格所著《法兰西游记》，是现存的关于旧法国最有指导意义的著作之一。其中有这样一个故事，亚瑟在利昂古尔公爵的乡村宅邸小住。一天，他说自己想和本地最聪明能干的农民聊上两句，公爵便让管家叫了几个来。这个英国人评论道："就像这个例子里表现出的一样，英国贵族可以邀请三四个庄稼汉与自己的家人一起用餐，并让莽汉坐在最高贵的夫人旁边。这种事我在英国见过数百次，但是，在法国却绝对不会出现，即使你从加来走到巴约讷。"

英国贵族天性傲慢，无疑比法国贵族更加傲慢，讨厌和地位低下的人交往，但他们是英国贵族，这个位置使他们不得不收敛这种骄傲，他们愿意牺牲任何事情来交换特权。几个世纪来的英国，对税法的调整，都是偏向贫苦阶级的。我请你注意这一点：英法本为近邻，但统治原则不同，所以他们走向了多么不同的终点啊！

18世纪的英国，纳税者都是穷人，18世纪的法国，免税者都是富人。在英国，贵族拥有统治国家的权利，同时承担所有重负；在法国，贵族一直免税，作为对失去统治权的补偿。

14世纪就有"不经纳税人同意不得征税"的格言，这句格言在法国和英国的地位看似同样牢固。人们经常引用它，违反它就是暴政，恪守它才是合法的。那时，法国政府和英国政府在诸多方面类似，但是后来，两个民族的命运开始走向不同的方向，几个世纪之后，都看不到彼此的身影了。它们就像两条直线，出发点很近，方向不同，虽然方向只是略有不同，结果分开得越来越远。

那这条原则是什么时候被废除的呢？约翰国王被俘、查理六世疯掉之后，整个国家长期动乱，国家开始萎靡。我敢断言，就是从那个时候起，国王便可不经人民同意便新增捐税了。贵族卑微地附和国王的意见，条件是自己有免税权，从此种下所有滥权和祸害的种子，不仅给旧制度的所有朝代带来无尽的麻烦，而且还最终导致了它的骤然死亡。我很欣赏科米内这句话，很了不起："查理七世通过立法保证，有权不经三级会议同意便可随意征收农业税。从此，整个王朝的精神改朝换代，后来的国王们的精神也都变了。这就像在王国身上狠狠地捅了一刀，伤口一直流血很多年。"

[illegible]

福尔勃奈的巨著《法国财政研究》鞭辟入里，其中一句说得好：中世纪时，国王通常靠土地的出产生活，而“特殊需要出现时，需由教士、贵族和民众平等共同缴纳特殊捐税”。14世纪的大部分普通税，都要经三级投票表决，即属此类。

14世纪时确立的税项，几乎都是间接税，也就是说，所有吃饭的人都要缴税。如果是直接税，就根据收入课税，而不是财产。比如，贵族、教士和平民向国王缴纳全部收入的十分之一①。国家三级会议通过的税项，与省三级会议确立的本地税项效力相同。

农业税这种直接税，从未向贵族征收过，这是一个事实。因为贵族有无偿服兵役的义务，所以可以免缴。农业税虽然是普遍税，但也只在一定范围内有效，那就是农村的领地内，而非整个王国。

当国王第一次随意动议征收新税时，他非常明白，最好不要得罪太多人，尤其是有权势的人，所以他必须选择一个不损害贵族利益的税项，不激发他们的抵制，因为贵族是法国最强大的阶级，也是唯一可以与皇权抗衡的力量。所以，国王选了农业税，贵族有免税权。

诸阶级中本来就存在很多不平等，这种新的不平等，明显比之前所有的不平等更有破坏力，它和其他的不公交相辉映，加剧了其他的不平等。从此，中央权力不断增强，故对税收的需求不断增加，故农业税不断增长，成倍地增长，直到涨了十倍，不能再涨了，于是，新名目开始出现，也就是所谓农业税附加税。

如此，税项逐年积累，把社会一刀斩开，纳税人和免税人之间的隔断墙不断增高。这些税项的第一属性就是：不向能担负得起的人征收，而是向最无力反抗的人征收。政府终于变成如此庞大的怪异：富人免税，穷

① 注意：此处不是向教会缴纳的什一税，而是向皇权缴纳的税。——译者注

人缴税。传言说，为了解决财政危机，马扎然曾想对巴黎的富豪们征税，没想到阻力巨大，于是作罢，但是他想要的那五百万从哪儿来呢？结果被分摊在了农业税上。他本想向最有钱的人征税，但实际上只能压榨最穷的人，不管谁缴税，国库必须有钱。

不平等课税得来的钱，是有限的，而皇权总是缺钱。历届国王总不愿召开三级会议获得额外收入，也不肯激怒贵族免得他们启用宪章。这样，庞大、极其有害的高明理财手段成了必需，持续了三个世纪后旧王权覆灭。

仔细研究旧制度的行政和财政史，你就能明白，缺钱会让政府堕落，变得不诚实，心机重。不管它看起来多么温和，一旦没有制约，就会一不怕曝光，二不怕革命。那么，它会变成什么样！要知道，革命是人民自由的终极保障。

看看历史，国王总在干这些事情：出售皇家财产，旋即收回，因为该财产不可售；单方面撕毁契约；剥夺已授予的权利；危机时牺牲国债持有者……总之，王权持续失信于民。

被授予的终身特权总是被收回去。如果谁能同情虚荣带来的痛苦，他就会同情那些新封的贵族，整个17世纪和18世纪，他们总要为自己的荣誉和特权一次又一次地重新掏腰包，但是，他们在购买时是一次性付足款项的啊！比如，路易十四一次性取消了92年间授予的所有贵族头衔，其中大部分都是他自己授予的。敕令说：只有继续交钱，才能保住头衔，因为国王“想不起授予这些头衔时的理由了”。80年后，路易十五仿效此例。

征兵入伍找人替代，被宣布是违法的，因为这会抬高国家征兵的代价。

城市、行会、救济院都被迫四处举债，好借给国王。教区不敢兴建有益的工程，就怕钱一花，就不能按时缴纳农业税了。

据说财政大臣奥里先生和桥梁公路工程局局长特律代纳先生曾设计过一个计划，收齐一年的领地道路劳役税，修理各区县道路。但这能干的官员拖了很久后放弃了计划，原因非常具有参考价值。据说他们害怕资金一

◎玛丽·安托瓦内特上断头台

1793年10月，路易十六的皇后玛丽·安托瓦内特被交付给革命法庭进行审判，被判处死刑，随后被送上断头台，时年38岁。在她死后，尸体一度被扔进万人坑埋葬，直到22年之后，普罗旺斯伯爵复辟成为路易十八，才将她的白骨重新挖出，并妥善安葬。

旦到位，就不可能阻止国库挪用这笔钱，于是人们缴了劳役税，还得服劳役。[①]伟大的国王用自己的大手笔管理国家公共事务，我敢说，任何个人如采纳他的方式来管理自己的财产，一定会死得很惨。

旧制度有一整套与之共生的东西，这些共生物在不断发展，于是旧制度的弊端不断加剧，剥开这些共生物，你会发现，旧制度归根结底是来源于经济的。后来还发明过一些新的危险制度，其根源同样还是经济。[②]一天的债，经历了几个世纪的权力都赔了进去。[③]

平民很久以来都可以拥有土地，但土地是高贵的，所以为了获得土地，他们要缴一种特殊的税，所谓自由土地占有税。自由土地占有税分裂了土地，也分裂了人，两种分裂交相辉映。同样是拥有土地，为什么一个缴税，一个免税呢？自由土地占有税分裂了贵族和小地产主。我敢说，这种税把两者彻底割裂了，比任何其他东西都有效得多，在贵族和邻居之间划了一道鸿沟。这道鸿沟，英国在17世纪时就填平了，从而最有效地促进了两者的融合，尽管另外还废除了很多把两者分开的标志，但这项措施是最有力的。

14世纪，自由土地占有税很轻，而且很久才收一次。但18世纪时，也就是封建制度即将被废除之前，该税每20年便征一次，数额更是高达该土地整整一年的产出。而且，父亲死了，儿子需要马上缴税才能继承。1761年，图尔农业协会说：“该税极大地妨碍了农学的进步。国王向臣民征收的所有税项中，该税无疑最能激怒农民，遭人痛恨。”一个当时的人说：“这笔钱一开始一辈子才征一次，后来却变成了一种十分严苛的税。”而且它阻碍着平民购买贵族的土地，所以贵族也想废除它，但国库总是缺钱，所以它被保留，而且数额与日俱增。

① 国家进行公共建设工程，就需要征召劳役，所花费用由劳役税提供。一般说来，缴了劳役税就不必再服劳役了，就像贵族既然有义务在战时服役，故无须缴纳兵役税一样。——译者注

② 此处是一语双关：任何制度，都有经济基础；法国的旧制度之所以是当时那个样子，是因为法皇的财政问题。——译者注

③ 法国的旧制度持续了四百多年。——译者注

有人认为，行会的一切恶果[①]都是中世纪肇始的，这种指责显然有失

路易[②]当时也没想要干别的。

◎路易九世在帮助穷人

到16世纪初，市民和宗教自由蓬勃发展，这时人们才想到，原来劳动权可以被当作一种特权进行售卖，而且这特权是官方认定的。这时行会才

① 行会规定：不给行会交钱不许劳动。——译者注
② 法皇路易九世，基本可评价为法国的康熙。——译者注

变成了封闭的贵族团体，劳动垄断严重妨碍了技术进步，我们的父辈曾对它深恶痛绝。从亨利三世——可以说他不是这一恶行的始作俑者，但他使劳动特权全国适用——创立到路易十六废除它，可以说，行会的流弊一直在稳定地增长和蔓延，随着社会的进步，人们对它更加忍无可忍，舆论也无情地揭露。每年都有一些新行业进入行会的奴役范围，旧行业里行会的特权也在增长。路易十四统治的“黄金时代”，行会之恶达到顶峰，因为他花钱的数量远超先辈，而不求人[①]的决心更是空前坚定。

勒特罗纳1775年说得很公正：“国家建立行会，只为敛财，或靠卖劳动许可证，或靠卖行会里的职位。1673年，亨利三世发布的敕令，把敛钱的原则贯彻得非常到位，所有行会都要从政府那里购买行会职位，所有行业都必须建立行会。这道敕令够卑鄙，所以赚足了30万里弗尔。”

我们已经明白，城市体制被行会制度釜底抽薪，并不是有什么人有政

◎雅克·克莱门特（Jacques Clement）刺杀亨利三世

① 国王的额外开销，要向三个等级征收，所以要召开三级会议才可随意征税，但法皇有时越过三级会议直接宣布征收新税。——译者注

治目的，只是因为国库缺钱。

[illegible]

这么严重的情况。卖官买官的基础就来自于敛财思想。而第三等级是有虚荣心的，在长达三个世纪里长盛不衰，一心想获得一官半职，内心深处普遍充满了对官职的欲望。该渴望奴役人心，也成了大革命的源泉之一。

国库越缺钱，新职位越多，免税和其他特权就是新职位的好处。因为出售新官职都是因为国库缺钱，而不是有行政需要，所以新官职多得令人难以置信，而且完全无用，反而有害。

早在1664年，科尔贝尔就调查过，发现卖官是项很赚钱的业务，为整个社会共做过5亿多里弗尔的投资。据说，黎塞留曾取消过10万个职位，但很快又新添了10万个，只是名字都换了。为了一点点蝇头小利，人们蜂拥而上去抢公仆——至少字面上是公共仆人——的权利，结果却丧失了管理和掌控公仆的权利。卖官制的结果就是成就了一个庞大、复杂、笨拙、低效的国家机器。这台机器如何用呢？最好别转或者空转，必须在它之外再设一个更简练也能转起来的管理工具，这样才能真办一些官员们都假装在办而实际上没办的事。

如果人们可以讨论这些可恶的机制，还不触犯国家法律，它们肯定没有哪个可以持续下去，但实际上它们都在20多年后才被取消。如果三级会议可以讨论它们，这些机构根本就不会建立起来，或者，如果对这些机构的抱怨可以在会议期间被听到，它们根本就不会扩大。几个世纪以来，三级会议召开的次数越来越少，但一直在反对这些机构。三级会议多次指出，国王滥权任意征税乃一切弊病的根源。如果引用15世纪时铿锵有力的表达方式，那就是：“未经三个等级的同意和忠告，国王以人民的血肉自肥。”三级会议不仅谴责自身遭遇的不公，还强烈要求更尊重各省市的权利，而且经常获胜。三级会议上，到处都在回响发自内心深处的对课税不平等的反对声音，它多次要求废除行会，数百年间一直猛烈抨击愈演愈烈

◎电影《亨利四世》海报，由朱利安·波义塞利尔主演

的卖官制。三级会议说：“出售官职就是出卖正义，为可耻行径。”卖官制牢固确立后，三级会议仍在继续抨击它，如往常一样坚决，强烈反对无用且危险的职位和特权，但总是无功而返。卖官制度是对抗民众的碉堡，本就是为了不开三级会议而设的。政府不敢把真相亮在诚实的灯光下，以免民众知道底细。

在这方面，最英明的国王比最昏庸的国王好不到哪儿去。把卖官制度系统化的是路易十二[①]，第一个出售世袭官职的是亨利四世[②]。卖官制罪恶深重，人的美德力量薄弱，根本无法与之抗衡。

为了避开三级会议的监督，大部分行政职能都被转到最高法院手里，

① 由于其做的各种利民措施，如减轻赋税、改革司法系统，被称为“人民之父”。——译者注

② 波旁王朝的创始人，著名军事家和政治家，其用计和治世才能，就像中国的诸葛亮一样，被称为“亨利大帝”。——译者注

◎路易十二画像。路易十二是优秀的将军，故线条粗犷；但他同时是个很好的谋略家和政治家，故目光深邃

这是起初为什么政权会交给最高法院的缘由。虽然行政权和司法权合一不利于社会事业发展，但这个举措很符合法国人的性格，因为真正的权利保障被废除，所以必须提供一些新的保障来代替。法国人虽然能够忍耐专制，但不喜欢看到自己被专制了，所以，国王给专制建了这道遮羞墙，虽然很假，但非常明智。虽然不能禁止里面到底在干什么，但至少可以遮挡一下，公众是看不到的。

最后，总结一下就是，国王只想要国家的钱，但又怕民众索要自由权，所以要保持各阶级之间的分裂。各阶级分离故不能取得一致，无法团结起来共同对抗王权。所以，历届国王在不同时期要对付的，都只是单枪匹马的人。在漫长的法国历史中，不断出现贤明的君主，有的思想深刻，有的才华出众，几乎全部勇猛过人，但全部都努力使三个阶级处于从属、依附的地位，尽量分开他们。不过我说错了，因为曾有一个国王不这么想，而且确实也付诸实践促进各阶级融合，但是，谁也猜不透到底上帝在想什么，他偏偏是路易十六[①]。

阶级分裂是旧制度的一大罪恶。社会分裂了，最合理的推论就很显然了：这个民族富有而有教养的国民之间有一道栅栏，不能联合起来共同为公共利益服务，也不能实现国家的自我管理，所以，必须有一个国王来完成它。

杜尔哥曾给国王写过一份秘报，悲伤地说：“国家由几个联合不起来的阶级组成，整个民族是分裂的，所以，所有人都只考虑个人利益，没人为整个国家考虑。公共精神完全丧失。乡村和城市彼此脱离，同一地区的各个行政区之间也互相脱离。甚至修一条对大家都有好处的路都不能达成一致意见。各种欲望互相对立，各种虚伪无休止地斗争，所以，只有陛下您或您的仆人，才能决定国家的方向。人们都必须等待您的特别敕令，才能缴税，才能尊重邻居的权利，甚至行使自己的权利。”

几个世纪以来，法国人彼此形同路人，甚至互相仇视。把他们团结起来，是一件很困难的任务，而让他们学会互相理解并一起管理自己的事务，则是一件更困难的任务。让人们反目成仇则要简单一些。我们为世人提供了一个过目不忘的例子，证明使人们重归于好有多困难。60年前，当分裂的法国各阶级在分离了几个世纪后突然聚集在一起的时候，首先接触到的，是彼此旧有的伤痛。他们聚在一起，结果把对方都撕成了碎片。互相的对立、嫉妒和仇恨久久不平，一直持续到今天。

① 波旁王朝的最后一个帝王，被斩头。——译者注

第16章

旧制度下的自由种类及其对大革命的影响

如果读到这里就放下这本书，而不继续细读，就只能对旧制度政府有个一知半解的理解，不能充分理解。

法国人日益分裂成不同的小团体，强大的王权不断扩张实力，看到这番景象，人们会不禁认为独立精神已经和公共自由一起消失了，觉得法国人会不约而同地一起顺从地低下头。不，不是这样的。皇权虽然独裁且完全掌控公共事务，但它不能控制个人。

专制需要制度的支撑，在这些制度的夹缝中，自由活了下来，只是它存活的方式比较奇特，今天的人很难想象出来，只有近距离仔细观察才能明白，这种方式到底是有利还是有害，有多好或者有多坏。

中央权力吸收了整个王国的权力，取代了所有地方权力，但它的行动经常受到一些制度的约束，包括它自己创造的或不愿摧毁的制度，还有古老的习俗和风尚。这些在人的灵魂深处酝酿着反抗的精神，同时也使人能继续忍受，保持不爆发的姿势。

那时的中央政府和今天的一样，性质、手段、目的都相同，不过没有现在这么大的权力。为了从任何事情里榨出钱来，政府卖掉大部分官职，所以不能免职官员，因为他们是从国王手里买去的。

政府的财欲妨害了控制官员的欲望：贪欲和权欲互相制约，互相对抗。结果，它的明确命令被松松垮垮的体制在实施过程中层层泄力。这个古怪、激进的邪恶体系妨碍着中央政府那无所不能的权力，官僚主义成了一道防波堤，虽然歪歪斜斜、建设糟糕，却减弱了王权的冲击，弱化了王权的力量。

当时的政府没有什么恩典可以布施，比如慈善帮助、荣誉和金钱，它的权力比现在小，所以诱惑也较小，对整个国家的控制权也较小。它自己并不知道自己的权力有限制。它的权力并不牢固，也无广泛权威，虽然涉及的范围很广，但施行起来却很难，磕磕绊绊的，就像在一片黑暗中在一条陌生的道路上摸索。没人知道皇权的界限，像这样模糊地把权力的界限隐藏起来，有利于王权的滥用，当然也有利于民众自由的保卫。

政府感觉横征暴敛的时间还不长，原因也不光彩，所以办起事来总是畏畏缩缩，一遇到阻碍就止步不前。读一下18世纪财政大臣和总督之间的信件，你就会看到一种奇特的现象并感到吃惊：如果人民驯服，政府就会巧取豪夺、独断专制，而一遇到哪怕一丁点儿抵抗，政府就会不知所措。最轻的批评也会使它惶恐不安，一丁点儿噪音就会把它吓坏，它会突然停下，犹豫一下，然后试着折中一下，甚至放弃自己的一部分合法权利以摆脱人们的批评。路易十五就是个这样的例子，他自私而懦弱，接任他的仁慈君主也是很恰当的证明。而且，这些君主从来没有想到过竟然会有人会废黜自家的皇位。[1]后来的统治者们因恐惧而生的焦躁和冷酷，在他们心里

① 路易十五是太阳王路易十四的外孙。他生活糜烂，死于天花，被认为是法国历史上最不受欢迎的国王，好比中国的隋炀帝。后路易十五的孙子路易十六继位，是波旁王朝最后一位君主，但其统治时期的诸多问题，大多在路易十五时已经病入膏肓。托克维尔对路易十六的态度是客观的，他指出路易十六聪明、仁慈、立志改良法国，做过很多次改革的尝试，但优柔寡断，不能坚持下去，如同中国“百日维新”的光绪皇帝。——译者注

一点儿都没有。他们从未认为自己在践踏别人。

贵族都极端鄙视当局政府，虽然有时必须和它打交道。没有了旧权利，贵族们却仍然保持着先辈的骄傲，既无视法律，又仇视奴役。他们根本不在乎公众有无普遍自由，也根本看不见政府对人们日益增强的控制，但无法忍受政府企图严格控制他们。他们绝对不知道什么叫屈从，他

法国大革命及紧跟其后的各界政府非常多，现捋清如下：
1789年7月14日巴士底监狱暴动，法国大革命正式开始。
1792年8月10日，巴黎再次起义，吉伦特派取得政权，9月22日成立法兰西共和国，史称法兰西第一共和国。1793年1月21日，国民公会经过审判以叛国罪处死路易十六。巴黎于5月31日~6月2日发动第三次起义，推翻吉伦特派的统治，建立起雅各宾派专政，施行过激和恐怖的政策。1794年7月27日，雅各宾中被镇压的右派势力发动热月政变，逮捕了罗伯斯比尔，建立热月党人统治，成立了新的革命政府——督政府。1799年年11月9日，拿破仑以解除雅各宾派过激主义威胁法兰西第一共和国为借口，派军队控制了督政府，发动雾月政变。
1804年12月2日，拿破仑在巴黎圣母院大教堂举行了隆重的加冕典礼，自称皇帝，将法兰西共和国改为法兰西第一帝国。
1814年拿破仑被反法联军赶下台，被流放到意大利海岸附近的厄尔巴岛上，法兰西第一帝国灭亡，路易十八返回法国，波旁王朝复辟。1815年2月26日，拿破仑逃离小岛，率领700名士兵于3月1日回到法国，本来被派来阻止他的法国军队转而继续支持拿破仑，3月20日拿破仑回到巴黎，路易十八逃跑，“百日王朝”开始。拿破仑在滑铁卢之战中失败，6月22日，拿破仑宣布退位，被流放到圣赫勒拿岛，路易十八在7月8日再度复辟，法兰西第一帝国再次并正式结束，波旁王朝再次复辟。
1830年，资产阶级发动七月革命，法国国王查理十世退位，路易—菲利浦登上王位，史称奥尔良王朝或七月王朝。
1848年2月，巴黎再次爆发革命，七月王朝覆灭，第二共和国成立，1848年12月10日，举行总统选举，路易·拿破仑·波拿巴——拿破仑一世的侄子——当选。1852年12月2日，路易·拿破仑·波拿巴皇袍加身，宣布称帝，号称拿破仑三世（拿破仑之子拿破仑二世从未坐上过皇位），第二共和国结束，第二帝国开始。1870年第二帝国结束，法兰西第三共和国开始，一直持续到1940年。
本书写于1856年，是拿破仑三世的第二帝国统治时期，作者经历过五个朝代，见证过无数他不满意的统治者，发现除了拿破仑一世，其他人中，也就路易十六最贤明了。

——译者注

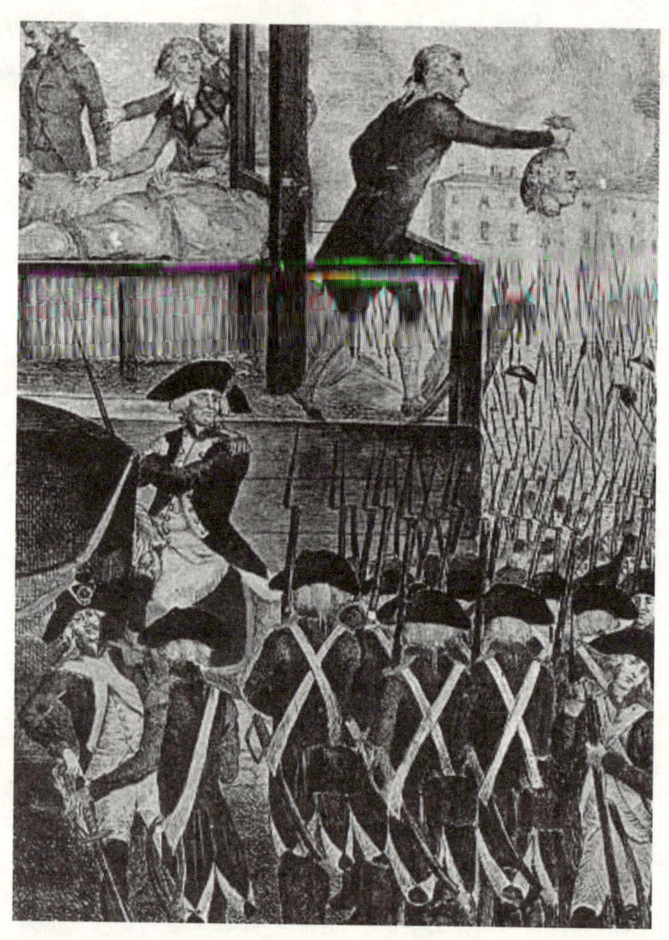

◎路易十六被砍头

们是天生的武士，愿付出任何代价去打破所有的束缚。大革命一开始，贵[illegible]但至对国王和他的代理们，贵族的态度甚[illegible]革命，但贵族愿意支持第三等级。贵族强烈要求的一切权利和保障，[illegible]来持续37年的代议制政府里都有体现。所有的贵族陈情书，几乎全部用古法语所写，读一下即可感受到，字里行间都呼吸着的真正的贵族的高贵精神，偏见和错误也是真正的贵族的偏见。

但是，令人叹息的是，新制度并不容忍贵族，而是反对他们，并将贵族连根拔起。这是个错误的做法，就像从国家机体上剜走一块肉，捅了自由一刀，留下的伤口总会淌血。多少个世纪以来，他们一直都是第一阶级，向世界展示出无可辩驳的伟大和高贵的心灵。他们自尊、自豪，充满责任感，是社会结构中最坚固、最可靠的部分。贵族阶级生机勃勃，增强了其他阶级的气质。它的消失，直接削弱了攻击它的阶级。贵族再也不会复生了，再也不会有真正的贵族阶级了，头衔可以恢复，领地可以重得，但贵族精神一去不复返了。

教士在俗世中奴颜婢膝，不管哪个君王屈尊降贵去教堂，他们都竭尽阿谀奉承之能事。但在当时，教会却是法国最独立的团体，只有教会的自由没有受到攻击，虽然这种自由有点儿怪。

外省失去自主权，城市宪章形同虚设，无国王特准，贵族不得参加十人以上的聚会，但法国的教会却从始至终一直保留定期会面的权利。

教职高的人并没有绝对权力。教会内，低级教士不受高级教士压迫，是有实质保障的，大主教没有权力迫使最低级的教士做任何事情。教会外，任何教士都无须在国王面前屈从。我不想讨论教会这一古老制度，我只想说，教会从不让教士们屈从政治的奴役。

而且，许多教士都是贵族，他们把贵族天生的自豪和桀骜不驯带进了教会。而且，很多教士都在政府里占有高位，享有特权。封建特权曾极大地破坏教会的道德力量，现在却保障了教士在世俗政权面前不会奴颜婢膝。

而且最重要的是，教士拥有土地，所以拥有普通人的情感、需求、思想和激情。我曾细读旧三级会议的报告和辩论记录，尤其是朗格多克省的，因为该省教士比他省更积极地参与政府。我还曾细读1779年和1787年召开的新三级会议的会议记录。我在当时的文件中发现了很多现代的思想，我吃惊地发现，那些主教和修道院院长，很多人都既虔诚又博学，谈论起道路和运河的修建来竟然都是行家，报告中的知识广度，既科学又符合艺术标准，他们还讨论如何提高农业产量、保障居民福利以及如何繁荣工业，其专业程度比起那些专门负责同类事务的专家来都丝毫不差，而且常常更胜一筹。

和人们一般认为的不同，我斗胆认为，剥夺天主教士的土地，把教士改为薪俸制，没有提高法国的自由度，反而减低了平均自由度。这种做法只对罗马教廷和法皇有利。

如果一个人最好的品质都服从另一个国度的权威，在他生活的国度里不能娶妻生子，那么就可以说，他爱“国”就只能有一个真正的动机，那就是爱他的土地。把这个动机拿掉，他便不再属于任何世间的“国”。他不幸降生在这个“国”，但周围世俗社会的利益纷扰与他无关，他的生计靠君主，但良心握在教皇[①]手里。除了教堂，他没有“国”。政治危机时，他只能从教会的利弊出发考虑问题，有害还是有益。只要教会自由繁荣，其他事情与他何干？他一般不关心政治，因为他不属于这个世界，他是基督之城的优秀市民，所以根本不是其他城市的公民。作为青年导师和品德监督员，这些情感和思想使得他们考虑起问题来，只能使整个国家的公共生活的灵魂都软弱无力。这是一般人的观点。

但是，境况变了，人心就会变，人都这样，教士也是人。为了形成正确的观点，人们必须重读1789年教士阶级的陈情书。里面充满了不宽容，

① 教皇是上帝在人间的代理，圣彼得是耶稣的大弟子，为第一任教皇。——译者注

而且偶尔表现出对以往特权的顽固依恋。但是，和第三等级、贵族一样，他们坚决地仇恨专制，是公民自由、政治自由的坚定盟友。

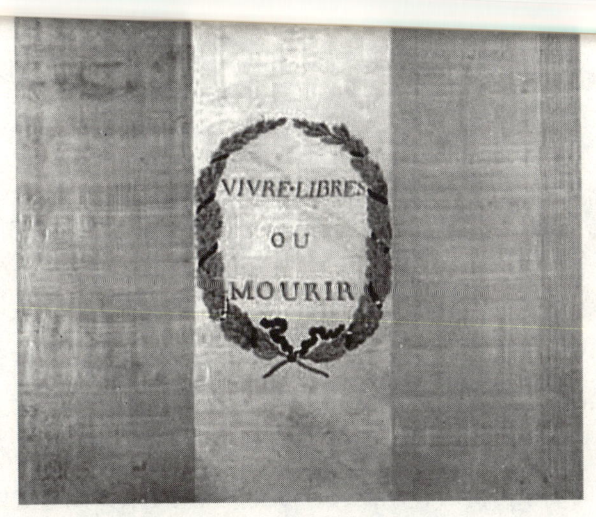

◎三色旗（Tricolour），1792年左右，上书“不自由，毋宁死”（Live free or die）

他们要求个人自由，不是国王的口头许诺，而是一系列的法律，比如人身保护法之类。他们要求废除巴士底狱等国家监狱，废除特别法庭和调案制，要求辩论公开，要求不得废除任何程序，要求所有公民都有平等当官的权利，要求才能和品德是唯一的判断标准。另外，他们还要求征兵时不得侮辱民众，任何人不得免除兵役；要求赎买封建权利，因为他们认为领主权利是封建制度的一部分，与自由相悖；要求劳动自由权；要求废除国内关税；要求增加私立学校，直到每个教区都有一个为止，而且要免费；要求农村地区设置慈善机构，比如慈善工场；要求国家出台各种鼓励农业发展的措施。

在政治方面，他们大声要求制定法律、征收捐税的权利只属于人民，这是不可剥夺、不可废除的权利；要求未经人民或其代表投票，不得强行收税；要求选举自由；要求每年都召开一次三级会议，三级会议有权责公开讨论一切重大公共措施，必须制定任何特殊习惯或特殊权力都不得僭越的普遍法，可以投票通过或否决皇室预算，甚至控制王室的花费，三级会议代表有不受侵犯权，官员必须尽职尽责，各省都要设立三级会议，每个城市都要设市自治会。但是，在要求完这一切权利之后，他们竟然忘了要求教士的神圣权利，只字未提。

虽然某些教士罪大恶极，但整体来说，我们可以看到，任何他国的教士都不可能比大革命突袭时的法国天主教会更加优秀了。他们充满智慧和爱国主义，公共情操高过私人美德，而且他们大部分都信仰坚定，即使受到迫害也能坚持所有品质。刚着手研究时，我对教士阶级满[illegible]偏见，但研究中后[illegible]他们已则充满了敬意。说实话，教士的缺点，是所有组织共有的缺点。政治组织也好，宗教组织也好，只要它结构紧密，就会有侵略倾向，很少有容忍度，出于本能去盲目地维持本组织的特殊权益。

旧制度时的中产阶级和今天的一样独立，甚至其组织形式中的诸多劣根也都有助于其独立精神的发展。通过前面的分析我们知道，那时的中产阶级，比现在的更痴迷于官职，官职数量也比今天多得多。但请注意，官职是用来买卖的，所以政府既不能随意撤职，也不能任意提拔，所以，官员的重要性和尊严增加，不再受王权左右。也就是说，今天的诸位对上级俯首帖耳，卑躬屈膝，但那时的他们却独立而有自尊，原因简单而强有力。

不幸的是，中产阶级有免税权[①]，这让他们和底层阶级分离，中产阶级变成了一种准贵族，而准贵族的骄傲和真贵族一样。派系把中产阶级分成若干小部分，小派系虽然会忘记公共利益，只顾自己的利益，但小派系的共同利益是需要捍卫的。他们有共同的特权，需要共同保卫共有的尊严，中产阶级里没有懦夫，因为懦夫在这里非常扎眼，根本藏不住。可以说，中产阶级的舞台很小，且灯火通明，他们必须在台上尽力表演，因为

① 法国的中产阶级，大部分是有官职的人，因为法国人一有钱就会买官做，而有官职的人，总是有这样那样的免税权。——译者注

台下的观众一直在看着他们，时刻准备着鼓掌或喝倒彩。

当时，还没有后来的完美艺术，可以压倒抵抗的声音，法国从来没有[illegible]政治自由近没影了，[illegible]

被压迫者在法庭上有绝对的听证权。当时的法国从政治和行政制度上讲是专制国家，但在法庭上他们却是自由的。虽然司法制度有笨拙、复杂、缓慢、昂贵的致命缺陷，但司法机关从不屈服于皇权。司法屈从于权力，是最糟糕的腐败和致命的罪恶，它不仅腐蚀法官，而且会迅速腐蚀人民。但在旧制度下，法庭没有这种病，因为法官是终身制的，不求升迁。终身制和不求升迁，对于法官的独立性而言必不可少，因为奖励失去了效力，惩罚也不存在。

皇权确实有审理权，可以从普通法庭那里夺来几乎所有和政府有关的案件，但皇权对法庭还是很恐惧的，因为虽然法庭无权审理案件，却永远都可以收到申诉并发表自己的意见。司法用语保留了古法语简洁直接的风格，总是一击即中，所以法官经常给政府行为直接贴上专制和独裁的标签。

法院时不时地干预政府，常常使行政无法正常进行，所以偶尔保障了自由的存在，小恶限制了大恶。

在司法权的核心和周围，当时的新思想并没有完全摧毁生机勃勃的旧思想和习惯，无疑最高法庭关心自己的利益甚于关心公共事物，但必须承认，它在捍卫独立权和荣誉时，一直表现出的顽强不屈，感染了所有接近它的人。

1770年，巴黎最高法庭被撤销，最高法庭的法官们丢了职位和权力，但没有一个人向皇权屈服。不仅如此，其他性质的法庭，如内税法庭，虽然没有受到威胁和攻击，听到最高法庭被撤销的确定消息后，也主动挺身而出，接受同样的命运。这并不是全部的故事。曾在高等法庭出庭辩护的所有首席律师甘愿与之共命运，抛弃荣耀和利益，选择在被羞辱的司法制度面前默默地对抗，而不是请求撤回敕令。

在各个自由民族的历史上，我没有找到任何比此时发生的一切更加伟大的时期。它就发生在18世纪，路易十五的宫廷旁边。

法国人从法庭上学会了很多习惯，也是旧制度教给人们的。要看一个民族是否有教养，是否自由，就看这个事实：公共决定是否都经过公共讨论，所有决定是否都可提出复议，所有事情是否都可提交辩论，所有讨论是否都可公开，所有的合法程序是否都被遵循……政府也从法庭用语和措辞中借来了很多东西。国王觉得下达敕令时必须“陈述理由”；枢密院在下发决定时必须先写一段“导言”；总督通过“法庭传令官”传达命令。所有从中世纪以来的行政机构，如国库委员会或枢密院，内部公开处理各类事务时，总是先听反对声音再做决定。所有这些习惯和形式，都是专制的克星，只有地地道道的人民，尤其是农村的人民，没有反抗压迫的方式。当然，除了暴力。

以上所说的大部分反抗方式，人民都不具备，要拥有这些就必须先在社会上站个位置，人们能看到你，听到你。但在法国，即使有胆量的人也在有条件地顺从，他选择默默地屈服，并默默地反抗。

国王以部落首领而不是主人的语气和人民说话。路易十五统治初期，一道敕令的导言这样说：“我们[①]的荣誉，领导一个自由而慷慨的国家。”他的某祖先很久以前也说过类似的话，只是风格比较古旧，他感谢敢于进谏的三级会议时说：“我们选择和自由人对话，而不是奴隶。”

18世纪的人民没有对安逸表现出强烈的热爱。这类热爱是奴性的母亲，它驯服又顽固持久，常和私人美德混淆，比如家庭之爱、规律习惯、笃信宗教，这些是虔诚、勤劳的习惯，只是不温不火。这热爱使人表里如一，也崇拜英雄，它造就体面的人和怯懦的公民，并且相当成功。18世纪的人比现在好些，也坏些。

① 请注意“我们”的措辞。——译者注

当时的法国人喜欢寻欢作乐，和今天相比，没有稳定的习惯，他们的激情和思想都不如他们的后代这样有条理，但他们绝对没有我们现在这类 [illegible] 产阶级也不重视安逸的生活，常常更 [illegible] 不是生活的最终目的，也不是最重要的。当时的一个人自豪地写道：“我了解我的同胞，他们擅长冶炼和花费金银，但不可能崇拜金银，而且时刻准备好变成他们的古代偶像，充满勇气、追求荣耀，我还可以加上一个词，雅量。”

要小心，绝对不能根据人民对皇权的屈从程度去度量人民卑劣与否，这是个错误的度量尺。不管旧制度下的人民如何屈从于国王的意志，他们却从未屈服，法国人没有学会在不合法和有争议的权威面前跪拜。这样的权威不会让法国人尊重，而是让他们蔑视，因为他们没什么值得人屈从，方式只有恐惧和幻想，也就是对伤害的恐惧和对恩赐的幻想。无论形式如何，奴役都使人堕落。那时的人从未屈服，故从未接受奴役。国王在人民心里激起的情感，和近代的独裁者们唤起的情感不同。但是大革命结束了君主制，所以我们再也无法还原明君统治下的感觉到底是什么样子了。人民爱国王就像爱父亲，尊敬国王就像尊敬上帝。他们服从国王最不可理喻的命令，不是出于无奈，而是因为爱。他们的灵魂是自己的，即使在完全臣服时也如此。他们认为，对于服从来说，强制是最邪恶的形式，而现代法国人则认为，这是最微不足道的毛病。现在最大的恶是奴役，是奴役下的服从，所以千万不要瞧不起我们的祖先，我们无权这么做。愿上帝垂恩，使我们能重新发现祖先们的伟大，虽然他们有自己的缺点和偏见。

所以，如果认为旧制度是奴役和不自由的年代，就错了。当时的自由比现在多得多，只是不稳定，时断时续，而且总是和阶级相连，总是与特权和免税权相关。这类自由鼓励人民反抗法律，鼓励人民反抗压迫，但总

① 比如讨论油画艺术。——译者注

是剥夺另一部分人天然而不可剥夺的权利。这类自由很畸形，发育不良，但很有养分。在权力集中制日益努力打压法国的民族性格，把它打死在地，把所有人都变成一张面孔时，正是这类自由让许多人保留了他们天生的性格、颜色和形状。正是这类自由让人民还知道什么是自尊、光荣，什么是爱，什么是脱离低级趣味的情感。正是这类自由，填充着生机勃勃的灵魂和骄傲勇敢的天才们，正是他们，使法国大革命成为千秋万代崇拜和恐惧的对象（我们将在下文讨论）。如今的法国，自由荡然无存，如此雄健的品德能够再次发芽才是怪事。

但如果说这类不正规的、病态的自由为法国人推翻专制做好了准备、提供了条件，那么，自由使法国人比其他任何民族更加不适应专制，他们必将建立和平和自由的法治国家。

第17章

18世纪法国农民的悲惨命运

文明进步了，但18世纪的法国农民，在某些方面比13世纪时更加悲惨，这是为什么呢？

18世纪时，法国农民不再受封建恶霸的欺凌，不再像原来那样频繁遭受政府的强暴行为，真正享有了自由，拥有了属于自己的土地。但同时，除农民外的其他阶级仍然不愿与农民产生交集，所以，农民孤单了，而且这种处境在当时的任何国家都看不到。这是一种新形式的迫害，其后果可以成为一个课题进行研究。

佩雷费克斯曾说过，17世纪初，亨利四世就开始抱怨贵族抛弃乡村的现象。到了18世纪，逃离农村几乎成了一种普遍现象；那时的所有文献都明确地记载着这一现象，并为之痛惜。经济学派的书、总督们的通信和各农业协会的讨论中都提到了此事，而人头税登记簿里还可以找到更加确切的证据。因为人头税是一种在居住地征收的税，所以在巴黎，只有大贵族和部分中等贵族是纳税人。

只有没有经济实力的落魄贵族无法逃离农村。他们被农民围绕，形成一幅很怪的图景，我猜这幅场景是上一代地主、贵族从未见到过的。

他们不再是农民的领袖，也不再像从前那样尽心尽力地照顾、帮助和管理农民。但另一方面，他们也不像农民一样缴税，没有承受过农民的艰难苦楚，所以不会同情农民的悲惨处境。他们更不会分担农民的痛苦，因为这类痛苦对他们来说太过陌生了。农民不再是贵族的臣民，而贵族也不是农民的同胞，这些现象都是前所未有的。

这些情况加在一起，导致了一个结果：人在农村，心在他处。或许可以这样说，这种心态比起之前的“不在领地内居住”更加严重。仍生活在农村的贵族，其所思所做，通常和代行其权的管家相似。在贵族看来，农民只是欠自己的钱，所以对农民不停地索取，任何按照法规或惯例属于自己的义务，都必须履行。结果，这些残余的封建贵族运用手中剩下的权利，对农民进行了比之前更加严苛的剥削。

这些贵族，实际上穷困潦倒，经常负债。他们住在城堡里，但往往极端吝啬，心里唯一盘算的就是怎么攒钱，好在冬天去巴黎挥霍。法国人说话向来不拐弯抹角，他们给这样的小贵族起了个名字：燕隼（体型最小的猛禽）。

当然，我这么说一定会遭到反对，他们会用个别的例子来证明我是错的。但我说的是整个阶级，不是单个的人，阶级才是历史的唯一组成部分。我不否认有些富裕地主会不计较个人得失，关心农民生活，但他们和整个时代的气氛格格不入，因为他们做出了与新社会中的新地位不相符的行为。

仇视农民、攒钱挥霍是一种普遍现象，不管他们是有心还是无意。总体来说，地主阶级对农民越来越不关心，越来越痛恨农民。

贵族抛弃农村，不同人有不同的解释。通常，原因会被归罪于某个财政大臣或某个国王的政策，比如黎塞留和路易十四。事实的确如此。君主制的最后三百年中，君主们的主导思想几乎全是扩大贵族与人民之间的距离，吸引贵族进入宫廷并走上仕途，尤其是在贵族还颇令皇权忌惮的17世纪。黎塞留向总督提问：“你省的贵族愿意留在老家还是离开？”

有个总督回复说：“很遗憾，本省贵族不愿在国王身边尽义务，而选择和农民生活在一起。”但是应当注意的是，这个总督是安茹省的总督，[illegible]只有这些拒绝向国王尽义务的贵族，拿起武器[illegible]于他们能把农民团结在自己身边。结果，这些贵族被总督指责为不愿到巴黎里去向国王尽忠，只愿和土包子们生活在一起。

但贵族迁往巴黎的现象，绝不能归因于某个国王的直接影响。那个原因也太简单了。主要原因，也是最持久的原因，不是人的意志，而是持续运动的制度，它缓慢释放能量，所以更加持久。18世纪的政府对贵族迁往城市的现象非常介意，并采取各种措施遏制这类恶行，但根本无法控制。事实就是证明，所以无须多言。贵族渐渐并完全失去政治权力，地方自由也完全消失后，贵族迁移得就更多了。他们不必再受引诱才肯离开，他们本来就无心留下。田园生活对他们来说已经没有什么可留恋的了。

上面对贵族的解释，同样适用于一般的富有地产主。权力集中在巴黎，所以把农村里富有金钱和知识的人都赶向了巴黎。而且我可以更进一步说，这阻碍了农业的发展，孟德斯鸠说得深刻：“粮食生产不取决于土地是否肥沃，而取决于农民是否自由。”但我不想离开本章主题去讨论其他的东西。

我们早就知道，中产阶级抛下农村迁往城市的事实，旧制度的文献是最佳证明材料。档案证明，富农在农村从不会超过两代。农民一旦靠勤勉挣到一点儿钱，就会立刻让孩子扔掉农具，进城去买个一官半职。直到今天，农民对自己致富的职业仍然表现出奇特的厌恶，该心理可以追溯到这个时代。尽管产生厌恶感的原因消失了，但这个结果却持续至今。

实际上，就像那个英国人亚瑟·杨格所说，所有有教养的人中，长期存在于农民之间并和农民交往的，只有一个人，那就是本堂神父。伏尔泰说，如果本堂神父不是与政治体系有臭名昭著的联系，他本可以成为农村的主人的。本堂神父享受特权，同时遭人憎恶。

这样，农民阶级和上层阶级几乎完全分离，和那些本来可以帮他们、领导他们的人疏远了。地位越高、越有钱的人，就越远离农民。农民好像从整个民族被淘汰下去，丢在一边。

事情发展到这个程度，在欧洲其他大国中都从来没有过，在法国也才开始没多久。14世纪，农民受到的压迫多，获得的帮助也多。如果说贵族偶尔会对农民施以暴政，但那时他们从未抛弃过农民。

18世纪，村庄是贫穷、蒙昧、粗鲁人的聚集地，村长也一样缺乏教养，遭人轻视；理事不识字；收税员不识数，所以不能把邻居和自己财产的账目加起来。领主不再有权统治农民，而且他们越来越认为，跟社会管理有瓜葛就是有损身份。制定农业税、招兵、摊派劳役……这些都是低等职业，是理事们的活儿。现在，关心农村的只剩下中央政权了，因为它离农村很远，所以不怕农民，而它关注农村只有一个时候，那就是征税时。

看，农民阶级成了一个被抛弃的阶级，没人对它施暴政，也没人教化它、帮助它。

封建制度曾经沉重地压迫农民，现在负担无疑消失了，至少减轻了。但还有另外一件事，也许大家并不十分了解，那就是之前的重负消失了，但比之前的负担更重的负担出现了。农民们不再承受先辈遭受的很多苦难，但他们经受的新痛苦，也是祖先们从来没有遭受过的。

大家都知道，农业税在两个世纪里几乎增加了十倍，全由农民负担。在此我可以解释一下在农村征收农业税的方式，以说明文明时代可以制定和维持何种野蛮的法律，同时社会的最有教养的人却没有任何兴趣去改变。

1772年，财政大臣给总督们写了一封秘密通告，简短、精确，堪称楷模。其中说：“王国的大部分地区，农民有数项相关义务。农业税可随意制定与征收，对人不对物，纳税人有多少钱，决定他应缴多少税。”这就是整个故事，没有什么比这几句话更充满艺术性和铜臭的邪恶了。

一个教区每年都应是同一个总额。但这位大臣说，税额可以不断变化，所以农民根本无法预料明年会缴多少。每个教区每年都会有农民被任命为收税员，负责把税款分配到所有同村人身上。

[illegible]那现在就让我们听听吉耶讷省议会[illegible]不缴农业税。它在1779年宣布：“因为没人愿做收税员，所以必须大家轮流做。农业税的征收，每年都会落在一个新收税员身上，不必审查其能力和品德，最重要的是把税收上来。每年能收多少税受收税员的畏惧、软弱和贪婪的影响。他在彻底的黑暗中摸索，因为谁也不能知道邻居到底有多少钱，或者他和邻居谁更富有。一切都只能凭收税员自己的判断，他要以他所有的财产甚至生命作为保证，对收税员的义务负责。两年的一半时间，他通常都在追逐纳税人。不识字的可以找邻居代替。”

在这个时间点之前不久，杜尔哥说到另一个省的情况：“职务常使收税员绝望，而且几乎总是毁灭自己。每个村子的殷实家庭，也都陆续陷入贫困。”

但这个可怜人是有大权力的，他既是牺牲品，又是暴君。任期内，他不仅自己破产，手里还掌握着大家的命运。那个省议会说得好：“亲情、友情、私怨、报复欲、保护欲、怕惹怒有钱人的恐惧……这一切都不可能让他公正地履行职责。”恐惧常使收税人变得残酷，在某些教区，没有一帮副手跟着，收税员就不敢露面。1764年，某总督给财政大臣写信道：“如果收税员不带一队副手前往，纳税人绝不会缴税。”吉耶讷省议会还说：“仅维勒弗朗什一处，就有600个人一直在奔波。”

18世纪的全盛期，法国农民为了规避苛捐杂税，也像中世纪的犹太人一样装穷，尤其是有钱人。钱越多，自然越有理由害怕。有一份文件我是在距吉耶讷省百里之外得到的，是很明显的证据。曼恩农业协会在1761年的预算中宣布，打算以牲畜作为鼓励，发给农民。“但计划被取消了，因为嫉妒心是邪恶的，会给获得奖励的人招来危险和无穷的烦恼，他们会在之后的几年内被强派更多的税。”

在当时的税收制度里，每个纳税人都会监视自己的邻居，因为这和他们有直接和长远的利益关系，如果他们揭发邻居的财富，就能免税或少缴。嫉妒和仇恨被激发，人们被挑唆着去告发邻居。难道，除了在印度的贵族领地上之外，法国也有这类事情？是的。

而另一方面，法国也有税收统一且不繁重的地区，比如某些三级会议省。

实际上，这些省有权自行征税，比如朗格多克省，农业税按土地征收，不是按收入。这些省专门编了固定可查的非常详细的土地清册，每30年重编一次，土地被分为肥田、中等和贫田三类。纳税人事先就精确地知道自己该缴多少。如果他拒绝纳税，他就得付出代价，或者更确切地说，他的土地需要对此负责。如果他认为自己受到了不公，便有权要求把自己缴税的比例和他自己选的另外一个人的缴税比例进行比较。这就是我们今天所谓的比例不平等申诉。

我们现在的制度显然仍然是当时的制度，我们并没有改进，只是推广了。值得注意的是，我们从旧制度接过了社会管理形式，却没有模仿旧政府的其他方面；我们模仿了省议会的管理方法，却没有产生那时的效果。总之，我们接管了那时的机器，却生产不出那时的产品。

农民的贫困习惯，产生了各种名言，而这些名言是用来维持其贫困状态的。黎塞留在他的《政治圣经》中写道："农民一旦有钱，就会违法乱纪。"18世纪，人们的观点不至于如此离谱，但仍然认为，如果不是为生计所迫，农民决不会努力工作，贫穷是防止懒惰的唯一有效措施。人们谈论殖民地黑奴时也经常同样说这套理论。这种理论在政府管理者之间广泛传播，几乎所有的政治经济学家都认为有必要对农民的懒惰进行终极批判。

众所周知，农业税一开始是用来供国王养兵用的，而贵族和封臣也会响应国王的号召参战。但到了17世纪，就像我们看到的那样，除了农业税，政府还要征收兵役税，而且完全由农民承担。

总督办公室里总是有很多箱的文件，追捕抗命士兵或逃跑的新兵，骑警队负责办案并记录，由此可见，募兵工作困难重重。对农民来说，实在没什么比当兵更可恶的负担了，为了不被抓去当兵，他们常常逃进森林，

以轻易招到士兵。

旧制度下的农民非常反感征兵系统，执法方式是第一原因，而不仅仅是征兵制度本身。特别是如果没有结婚成家的人，40岁之前都会被征，所以农民总是惶惶不安。他们还担心即使抽到免征入伍的签也没用，因为制度随时在变；兵役禁止找人代替；当兵危险、艰苦，而且不可能升迁；尤其让农民厌恶它的原因还在于，只有农民这个最穷苦可怜的阶级是征兵对象。农民地位低下，默默无闻，却必须承担恶果，所以他们越来越痛恨其他阶级，也和其他阶级分道扬镳并越走越远。

我手里的很多文件表明，1769年的很多教区都通过抽签的形式确定服兵役的人，各教区的免征者都列在文件上：这个人是贵族的仆人，那个人是修道院的保安，另一个也不用服兵役，但实际上他只是一个中产阶级的仆人，但该中产阶级刚刚买了贵族的头衔。原则上说，有钱就可以免征。比如，有个农民比较有钱，年年都要缴很多税，他的孩子们就有了免征入伍的特权，这在当时称为“农业鼓励政策”。经济学派最喜欢鼓吹平等，在很多其他方面，对此事不闻不问，相反，他们要求把有钱就豁免的做法推广到其他领域，换句话说，加重最贫穷、最缺乏保护的农民身上的负担。有个经济学派说：“士兵军饷微薄，吃不好，穿不好，住不好，而且没有任何独立性，所以只能从最下层的百姓中招募，否则那该多残忍啊！”

路易十四统治末期，大路或者根本无人维修，或者由本省或沿途的地主保养。但之后，大路的维修工作便开始纯靠农民了，以劳役的方式。政府不用掏一分钱就能使大路畅行，这个方法极具创意，这也就难怪1737年财政大臣奥里通报各总督，要把它推广到全国，并授权总督关押顽抗农

民，或派警察强收壮丁。

从此，每当商业发达需要更好的道路时，劳役就相应增加和扩大。

1779年贝里省议会的一份报告中说，这是个穷省，但每年劳役完成的工程估值70万里弗尔。下诺曼底省在1787年的数字和这个差不多。没有什么能比这些数字更能表明农民的悲惨命运了。社会进步了，所有阶级都富裕了，农民却更加贫穷。文明似乎只和农民对着干。

大概同一时期，总督们的信函中说得明白：大路（当时称“国王的大路”）需要很多劳役，所以，常规的乡间小路就不能再征用劳役了。

让最穷、最少出门、最少用到那些大路——虽然很新——的人为大路负责，这个观点非常怪异，但很快也很自然地在能从中渔利的人心里扎了根，当权者很快就不知道还有什么别的方法可行了。1776年，劳役变成了一种可用钱赎买的税，征收这种新税时就像征收劳役时一样不平等。

领主劳役变成了皇家劳役，而且逐渐扩大到所有公共基础建设领域。1719年，修兵营也用劳役！命令说：“各教区须派最好的壮丁前来，放下手中所有工作。”劳役范围不断扩大，比如押送刑犯上刑场，押送乞丐进收容所，另外，还有军队换防时搬运军用物资。

当时军队的辎重很多，所以很不容易，必须把方圆几里的车和牛都调来。开始时，这样的劳役并不多，但随着常规军队越来越多，这便成了最重的劳役之一。我还读到过，国家项目承包商大声疾呼，强烈要求调派劳役把建筑木材从森林送到海边的军舰厂。这种劳役通常都有工资，但特别少，而且都是定数。邪恶的劳役如此频繁，有时给收税人带来许多不便。1751年的一个收税人担心，“修路的费用要由农民承担，这样农民就无法缴纳农业税了”。

如果农民身边站着几个有钱有教养的人[①]，有意愿又有能力保护农民，或者就算他不愿意保护农民，至少会代表农民去和同时掌控富人和穷

① 此处指贵族。——译者注

◎拿破仑加冕大典

1804年12月2日，拿破仑拒绝跪在教皇面前让庇护七世为自己加冕，而是把皇冠夺过来自己戴上，并将妻子约瑟芬·博阿尔内加冕为皇后。

人命运的主人交涉，这些压迫性措施还能执行出来吗？

我读过一封信，是1774年一个富裕的土地所有者给总督写的信，请求开一条新路。他说，新路一定会使全村富裕，并解释了原因；然后他建议建一个市场，一定会使粮食价格提高一倍；这个优秀公民还建议说，应该建一个学校，可以为国王培养更加勤劳的臣民，政府稍微帮衬一下即可。只是，之前他可从来没有考虑过这些，几年前，国王的密信把他软禁在了自己的城堡里。在给总督的信里他巧妙地接着说："在自己家里的流放，使我确信所有这些项目都是极其有用的。"

人们发现，尤其在饥荒时期，曾经维系贵族和农民的纽带已经断了，那纽带曾经让贵族帮助农民，并且农民依附贵族。危机时期，皇权总会感到恐慌，意识到自己的虚弱，于是它就会号召个人和政治团体的力量，帮助国家渡过难关，但总是无人响应。它通常会吃惊地发现，原来自己掐死的那些有影响力的个人和团体，确实都已经死了。

当饥荒太重，尤其在那些最穷的省份里，总督们，比如杜尔哥，会发布违法命令，迫使富裕的土地所有者向农民施舍食物，直到再次丰收。我见过几个本堂神父在1770年写的信，建议总督向本教区的大土地所有者征税，无论是否为教士，他们说："这些人拥有大量地产，但不住在那里，他们从土地中获得大笔收入，然后到别处去浪费。"

村民常为乞丐苦恼，因为，正像勒特罗纳说的，城里的穷人会得到救济，但在农村，尤其到了冬天，没人帮助农民，所以，乞讨就成了必需。

这些不幸的人常被无情地迫害。1767年，舒瓦瑟尔公爵开始清洗法国的行乞现象。总督们的信件展示出当时的方式是何等严格和残酷。全国的警察接到命令，立刻逮捕王国内的所有乞丐，据说共捉到了5万多人。然后，年轻力壮的就被送去做苦工，其他的人则送进各地的40多家乞丐收容所。如果打开有钱人的心扉，估计会有更好的结果。

旧制度的政府，对待上等社会非常温柔甚至羞怯，处理起各种事物来，充满了礼仪和拖延；对待下等人民，尤其是农民，则粗暴蛮横，迅雷不及掩耳。我看过的所有文件，没有一份是总督逮捕资产者的命令；但农民却被不断批捕，因为他们拒服劳役，拒服兵役，擅自行乞，企图扰乱治安，或者有别的什么名目。一类人在独立的法庭上经过长时间的公开听证

[illegible]

缝会转移人们的注意力，不再关注权力如何实施，如何敌视个人。如果不是法国人生性温柔、仁慈，以及法国人在这个时代的精神，这个主题会让人无限悲伤，尤其对于那些能对别人的痛苦感同身受的人来说。”

这个体系的压迫性，并不只在伤害人，而且进一步更加明显地，它让任何改进的措施成为不可能。农民拥有土地，所以自由，但农民没有教养，所以几乎和他们的农奴祖先一样甚至更加无知。在一个艺术和科学迅速进步的时代，农艺却毫无进步；在一个知识和智慧闪耀的世界，他们却一直蒙昧、野蛮。他们从未学会法国人特有的犀利和敏锐，种田本是他们唯一的生计，但他们田也种不好。某著名英国农学家描述道，他满眼都是“10世纪时的农业”。他们最擅长打仗，因为一有战事，农民和其他阶级就不分彼此了。

这就是法国农民的悲惨深渊和他们绝对孤立的密封状态。大革命时，天主教信仰被轻而易举地废除，天主教堂被亵渎，之前的20来年，政府有时用下面这种方法进行人口普查：本堂神父报告参加复活节的人数，再估计小孩和病人的人数，这样就可以得出居民的精确总数了。发现这件事时，我感到吃惊，甚至震惊。但时代的思想经过奇怪的修改和伪装，通过迂回曲折的渠道，开始慢慢触及农民的心灵，虽然表面上看没什么变化，风俗、习惯、信仰……一切都没有变，但农民被驯服，兴高采烈。

但是，绝不能轻信法国人在巨大痛苦中常常表现出来的那种轻松愉悦，那只说明法国人认为，凡是不可避免的，便不值得伤心，但不在意不说明麻木。如果给他们展示一条路，可以摆脱他们似乎不介意的悲伤，他们马上就会飞奔过去，气势汹汹，如有阻拦，定踏为齑粉，看都

不看一眼。

从我们今天的视角看，一切都清清楚楚、明明白白的，但当时的人却看不明了。上层社会很难读懂下层人的心，尤其是农民。教育程度不同，生活方式不同，农民对自己的处境有自己的理解。其他阶级并不知道农民是怎么理解自己的处境的。当穷人和富人没有共同的利益和共同的悲伤，甚至不打任何交道时，不可穿透的黑暗就遮蔽了双方的眼睛。穷人和富人可能做了几百年的邻居却完全不理解对方。大革命前的1793年，社会高层和中层充满了安全感，他们高谈阔论美德、绅士风度、多愁善感和无伤大雅的乐事。这景象并不荒谬，而是恐怖!

让我们稍停一下再接着说，通过刚刚说过的这些小事，我们可以想一想上帝管理社会的最伟大的律法中的一条。

法国贵族坚决和其他阶级分开，成功地甩掉了公共义务，认为这样就既有威仪又没有附属的麻烦责任了。乍一看，的确如此，但很快，一种内伤袭来，他们日渐衰弱。他们的特权越来越多，经济上却越来越穷。他们小心地和中产阶级保持距离，但这些中产阶级却富了，有了教养，就在贵族身边，虽然贵族存在，却抛下了贵族。贵族当初不愿与其为友，甚至不愿视其为同胞，但是现在，中产阶级成了他们的竞争对手，他们的敌人，并最终成了他们的主人。贵族被取消了领导、保护和救济农民的责任，但种种金钱和荣誉方面的特权丝毫未动，他们觉得自己没有损失什么。他们仍然是乡村里最高贵的人，他们说服自己仍然掌控乡村，而且实际上他们还被名义上的“臣民”簇拥着，也就是封臣、佃农和自由农。但实际上，他们没有管理任何人。他们孤独地站在领地上，面对将抹除整个贵族阶级的威胁，他们唯一想到的就是不去理会。

贵族和中产阶级的命运相差很大，但有一个相似之处：两者都和农民保持距离。中产阶级不愿接触农民的悲惨，不愿和农民联合起来和社会地位的不平等原则对抗，他们的地位比农民高，所以只想加重社会的不平等，像贵族渴望特殊权利一样渴望特殊的权利。中产阶级来自农民，对从前身份的回忆却完全消失了，也完全不了解农民，所以，直到把武器交到农民手里，他们才意识到被唤起的激情，自己无力掌控、指导和限制。中产阶级注定同时是鼓动者和牺牲品。

法国曾有能力称霸欧洲，这时却轰然崩塌，这使人们感到吃惊，但[illegible]恶、错误和所有致命的偏见，其产生、持续和发展，实际上都来源于一个错误：阶级分裂，我们大部分国王为了更加绝对地统治而故意造成的阶级分裂。

于是，贵族和中产阶级分裂了，贵族和中产阶级又与农民分裂了，每个阶级又分裂变成无数的小集团，小集团之间都像阶级和阶级之间一样泾渭分明。当分裂工作完成了，整个国家虽然看起来还是一体的，但是已经七零八落了。再也没有任何组织力量可以对抗或帮助政府。地基动摇了，整个法国君主大厦才倾斜了，然后轰然倒下。这就是事实。

人民也不是利用了主人犯下的错误，才扔掉了身上的枷锁，成功根除了主人灌输给他们的错误思想、邪恶习惯和不良品性。法国人有时像奴隶一样行使自己的自由，他们残酷地摧毁了贵族——自己曾经的导师，但在自治中表现出的无能，效果是同样的残酷。

下面我将离开大革命古老、普遍的根本原因，继续我的主题，去讨论一些近代的特殊事实，正是这些事实，最终直接决定了大革命的地点、引爆点和特点。

第18章

作家成为政治领袖及其后果

到了18世纪中叶，作家开始成为国家的政治家领袖，其原因和结果是什么?

法国向来都是最有文学色彩的欧洲国家，法国作家在18世纪展示的精神面貌和占据的社会地位，都是前所未有的。作家的这些特点和地位，在法国历史上从来都没有过，欧洲其他国家的作家们也从来没有过。

和英国作家不同，法国作家向来不愿卷入日常政治，而且当时比历史上任何时期都更加超脱。他们从不做官，在充满公务员的社会里，他们不担任任何公职。

他们也不像大多德国作家一样完全不问政治，埋头研究纯哲学或文学，他们一直关注政府的种种问题。实际上，除了政治，他们很少关心其他，只有政府主体才能让他们全身心投入特殊的精力。他们每天探讨的都是社会的起源和原始形式、公民和政府的原始权利、人与人之间的自然关系和社会关系、现行风俗习惯的错误或合法性，还探讨法律的原则。他们每天都在深度思考制度，批评政治制度的结构和整体设计。当然，不是所有的作家都专门深入研究这些特殊重大问题，很多人都一笔带过，自娱自乐，但没有人忽略这些话题。从抽象的文学角度探讨政治问题，在当时所有的著作中都有涉及，从厚厚的专著到流行歌曲，没有哪种文学形式没有这个特点。

◎伏尔泰

作家们的政治体系分歧很大，要从中调和简直不可能，所以不能形成统一的政府理论。

但抛开细节，寻找主要原则，便不难发现，各个作家五花八门的政治体系，其实围绕的都是一个中心观点，从这个中心观点出发形成了他们各自不同的政治主张。这个共同的起点就是：必须用简单的、基本的、基于理性和自然的法则，代替统治当时社会的复杂的传统习惯。

只要仔细观察，你就能发现，其实整个18世纪的政治哲学，就是这一个思想。

这个思想不是他们原创的。3000多年以来，它一直在人类的大脑中若隐若现，虽然从来没有明确过。那么，这次它是怎么同时攫住了所有作家的大脑呢？为什么它不像过去那样只停留在哲学家的头脑里，却直奔大众心底，激起人民经久不衰的政治热情，以至于有关社会性质的抽象理论竟成了闲人日常聊天的话题，甚至家庭主妇和农民的想象力都被点燃？这些作家没有社会地位，没有荣誉，没有财富，没有义务，没有权力，没有独占的政治权威，他们与政治形同陌路，却为什么能一下子成了当时唯一的政治领袖呢？我想简单回答一下这几个问题，展示几个看似只属于法国文学中的重大事件，是如何影响既伟大又恐怖的大革命的，而且其影响持续至今，现在仍能感觉到。

18世纪的哲学家宣扬的理念，和那个时代赖以生存的理念完全相反，这可不是偶然的。这些思想的形成，乃是他们看到眼前的社会全景后的自然结果。他们持续地看到，到处都是荒唐可笑的特权，人民的负担日益加重，而享受特权的原因却越来越站不住脚。于是，所有哲学家的思想同时被推向甚至投向“人人生来平等”的思想。他们看到很多古怪而不合常理的旧制度，杂乱地堆在一起，与时代格格不入，陷入绝境却不肯就死，而它们的存在基础早就消失了。作家们自然开始讨厌一切旧传统，所有人都拿起自己的理性作为武器，重建一个全新的社会蓝图。

所以作家自然觉得抽象和普遍的政府理论非常诱人，并全身心地去研究并盲目地相信这些理论。他们和自己研究的对象没有实际接触过，所以并不了解；他们不谙世事，所以热情高涨没有拘束；他们不知道理想的改革道路上，到底会出现什么样的情况产生阻碍；他们没想过最正义的革命也必然带来危险，做梦都没想过。因为没有通往政治权利的途径，他们不仅对政府理解错误，而且可以说，完全不知道什么是政府。他们在政府中无立足之地，所以只能看到历史。作家缺乏的常识太多，甚至离政治最远的人都不会缺少那些最肤浅的有关政治自由的习惯和知识。所以，作家的创新工程显得更加大胆，热衷于从理论上建设政府管理系统。他们蔑视古人的教诲，依赖个人的推理，比普通的空想政治作家更加脱离实际。

民众同样无知，所以对作家衷心拥戴。如果民众可以像之前一样在三[illegible]国家政治，在省三级会议中参与地方政治，那就可以肯定，[illegible]会让他们警惕作家们的纯粹理论。

如果法国人看到有一种可能，既改变旧制度的精神又不彻底摧毁旧制度的形式，就像英国人做的那样，他们就不会那么愿意冒险完全创新了。但所有法国人的日常生活都和某种旧律法、旧体制或者旧腐烂权威有或多或少的联系，其财产、人身、福利和自尊都被妨碍，他们也看不到任何可以医治这些疾病的药方。所以看起来，这个国家的制度，必须全部忍受，或者全盘摧毁，没有折中方法。

自由全面崩塌之后，满目疮痍中有一种自由却被拯救了出来，那就是从哲学层面自由讨论社会的起源、政府的自然理念和人类的原始权利的自由。

被当时的立法妨碍的所有人，都疯狂地热爱这种政治文学，甚至包括很多本来不喜欢抽象思辨的人。凡是在农业税上受到不平等伤害的纳税人，听到人人生来平等的思想，无不为之振奋；凡是被贵族邻居的兔子祸害过的农民，听到所有特权都应受到理性的谴责，无不为之鼓舞。于是，大众的激情伪装成了哲学，政治渴望被猛地推进文学渠道，作家领导了舆论，暂时占据了自由国度里政党领袖的位置。

作家占据权威地位，无人可以挑战。强大的贵族不仅会管理公共事务，还会做公开评论，给作家定基调，给原则立威，但在18世纪之前很久，法国贵族就已完全没有了统治权，影响力也随权力一起消失，贵族在精神领域的统治地位变成了真空，所以由作家取而代之，也只有作家可以填充这个位置。

作家代替了贵族，贵族支持而不是阻止这次篡权。理论一旦确立，就必然转化成政治激情和行动。贵族不明白，所以根本没有反对那些可以彻底摧毁他们的特权甚至摧毁整个阶级的存在的种种学说，相反，贵族们也喜欢这些讨论，认为是对智力的磨砺，也是娱乐，一边安逸地享受着豁免权和特权，一边心平气和地讨论现存传统如何荒唐。

看到旧制度的上层阶级盲目地促进自己的灭亡，我感到震惊，但他们怎么才能变得明智些呢？要让贵族们意识到自己的危险，就像要让普通人保护自己的权利一样，没有自由的体制都是不可能的。真正意义上的公共生活，其最后一丝痕迹在法国已经消失超过一个世纪了。这一百多年中，古老大厦倒塌前的噪声从来没有打扰到过任何人，甚至那些最保守的人。因为表面上看起来，社会没有变，人们绝没想到过社会内部在酝酿革命。他们的思想停留在他们祖先的阶段，1789年，贵族在陈情书里嫉妒皇权，就像在15世纪的陈情书里一样，三级会议报告就是明证。而国王方面，伯克一针见血地指出，可怜的路易十六即将葬身于民主的暴风雨中，却仍然把贵族看作皇权的唯一对手。他怀疑贵族，就像还生活在投石党运动时期一样，他觉得中产阶级和底层阶级，就像他的祖辈看到的一样，一直都是王室最可靠的支持者。

我们今天经历过很多革命，但我们祖先的脑子竟然没有暴力革命的任何概念。在当时的所有怪现象中，这一点该算最奇怪的了。从来没有人讨论过革命，因为它超出人们的想象。这是为什么？自由社会里任何微小的震动都能使人的精神警惕大地震的来临，但当时的法国社会即将覆灭，人们却丝毫没有看到任何动荡的迹象。

我曾仔细阅读1789年三级会议上的三个阶级的陈情书，教士、贵族和第三阶级。这些文件里，人民要求改革法律，改革传统，我一一记录，把所有的个人要求归纳在一起。把这项繁杂的工作做完后，我惊恐地发现，人民要求的竟然是全面摧毁所有的现存法律和传统。我马上明白，将发生历史上最大最危险的革命。他们马上就要成为炮灰，但浑然不知，他们认为仅凭理性就可以对复杂的旧社会进行突然、全面的改革，没有任何危险。他们太可怜了，竟忘了四百年前祖先的训诫：谁要获得独立权利，谁就必须先沉入奴役。

贵族和中产阶级长久地被排除在所有公共生活之外，所以缺乏经验是自然的事，但那些管理国家的大臣、行政官、总督，也一点儿都看不到未 [illegible] 学变成了一门艺术；但抽象的社会管理 [illegible] 动并预测结果则是门大艺术，在这两方面，政治家就和普通百姓一样一窍不通了。这是为什么呢？因为大科学和大艺术，只有亲历自由体制的实际运作之后才能领悟，虽然它们只是政治的一个分支。

只有亲历自由体制的实际运作，才能学会这大科学和大艺术家。这点在1775年杜尔哥致国王的奏折中清晰地显示出来，他建议国王创建代表议会。人民自由选举代表，每年召开六周，但议员不得有实权。议会只探讨行政细节，不干涉政府，只发表意见，不表达愿望，只讨论法律而不立法。杜尔哥说：“这样，皇权将受到启发而不受束缚，舆论会有一个安全发泄口。它无权阻碍政府的任何必要行动，万一议会不听话，也可以轻易约束。”

这些话表现了那个时代的精神和政府行为倾向，谁也不会粗心误解了。大革命结束前，杜尔哥提出的理念都成功地实现了，就是有自由之形，而无自由之实。奥古斯都也成功地做过这个实验。一个国家厌倦长期的动荡时，就会心甘情愿地被骗，只图安定。无数历史实例告诉我们，只要在全国各地找一些依附于政府的无名之辈，让他们在一起玩一个政治会议的游戏，给他们发定额工资，这就够了。历史上到处都是这样的表演。但改革初期用这招，就会失败，因为它会煽起人民的情绪，却无法满足这情绪。自由国家的人都会明白这个真理，但满脑子都是政治科学的杜尔哥却一点儿都不明白。

法国人没有务实的经验，对政府无计可施，同时是最有文气的一个民族，把这些都考虑进来，人们就不难理解，作家是如何成为法国的政治力量，并最终统治它了。

在英国，政治作家和政客是一体的，作为政治作家的那一半努力收集新思想并加以实施，作为政客的那一半则通过现实纠正理论。但在法国，政治领域仿佛永远被划分成两个完全割裂的部分，一半根据先例和惯例治理国家，一半则制定抽象的原则，根本不考虑如何实施。一半搞实践，一半搞理论，用舆论抓住人心。

所以社会分裂出了两个部分：社会实体和社会虚体。社会实体依靠传统架构，组织混乱芜杂，法则互相抵触，社会地位和等级泾渭分明，还有不平等的权利。而社会实体之上还有一个想象中的社会虚体，在这里，一切都很简单、和谐、公平、统一而理性。

人民的思想渐渐地从前者中撤出，潜藏在后者里。人民对现实不感兴趣，想的都是未来的可能性，作家创造了一个理想国度，而人民则在精神上生活在那个和谐的社会里。

人们常把法国大革命归因于美国革命。美国革命确实对大革命影响很大，但美国对大革命的影响远不及当时的法国思想的影响大。美国革命对欧洲他国来说并不会引起兴趣，它只是个新鲜而奇异的事情，但法国人兴趣盎然，因为它强烈地验证了自己的各种假设和原则。它使欧洲惊讶，却使法国人信服，仿佛美国人只是实践了法国作家的理想，他们把我们的思想付诸实践了。这就像费内隆突然被空降到了萨伦丁人中间。

一个伟大民族的政治教育全靠作家，这还真新鲜，但正是这种情况最终决定了大革命的特点，也决定了大革命后法国的样子。

作家向人民提供思想，渗透自己的情绪和气质。法国长期经这唯一启蒙老师的熏陶，对实践一无所知，所以，通过阅读就直接染上了作家的直觉、心理特征和品位，当然还有其天生的缺陷，所以，当法国人终于行动起来时，所有的文学原则都被搬来解决政治问题。

研究大革命的学者们不难发现，法国作家撰写无数抽象政论的激情，和指导大革命的是同一精神。在撰写论文和领导革命之间，可以发现共同

◎英国将军约翰·伯格因（John Burgoyne）在1777年10月的萨拉多加战争（the Battle of Sratoga）中投降。他本打算通过加拿大渗透美国殖民地。此后12年，法国大革命爆发了，部分原因即为美国革命的成功

的对普遍理论的热爱，他们探讨所有的立法体系和精确对称的律法。所有作家都同样蔑视现存事物，同样信任理论。他们都热爱新颖独特的制度，都希望按照逻辑原则和既定方案，一举彻底改变社会结构，而不是在细枝末节上修修补补。这是多么可怕的一幕！作家的美德也许是政治家的罪恶，让一本行文优美的书作为手段，用在革命中却可能是致命的。

当时的行政语言也被流行文学感染，充满了模糊的表达、抽象的术语、浮夸的词汇和文学修辞。当时的政治激情使这种文风感染了各个阶级，甚至底层人民。早在大革命之前，路易十六颁布敕令时便常提自然法则和人权。农民在起诉书中称邻居为“同胞”，称总督为“尊敬的行政官”，称本堂神父为“圣坛管理者”，称上帝为“无上存在”；如果他们

不是文盲，也许就都成为三流作家了。

法国人脑子中这些奇怪的特点，扎根很深，以至于人们常错误地认为那些是法国人的天性，但实际上它们只是一种怪异的教育体系的产物。我听人说过：过去的60年里，我们热爱或狂热地追求普遍原则、体系，公文中充满华丽的辞藻，这是我们这个民族本性的一个侧面。说这话的人，仿佛要说的是：这个侧面一直隐藏在法国人的民族性格里，只是在上世纪末突然露了出来。

更奇怪的是，我们保留了作家们灌输的这种文绉绉的习惯，但对文学的热爱却几乎完全消失。在我服务于公共事务期间[①]，发现人民其实不喜欢读18世纪的书，更不用说其他时期的书了。人们尤其瞧不起作家，但旧文学带来的文气却一直留在他们身上。为什么法国人对这个巨人的缺陷如此忠诚？这还真让我吃惊不已。

① 托克维尔曾是法国的外交大臣。——译者注

18世纪的无神论倾向

无神论倾向在18世纪成为法国人的普遍激情，为什么？它对大革命的特点有什么影响呢？

16世纪大宗教革命时期，时兴自由怀疑精神，这种怀疑精神曾使人们辩论基督教各派的真伪。16世纪的伟大革命之后，更好奇、更大胆的人们不断出现，开始对所有基督教派进行怀疑或抛弃。怀疑精神曾在路德时代使数百万天主教徒同时脱离天主教，每年都有许多基督徒在退出基督教。异端之后，流行无神论。

一般说来，虽然基督教在18世纪失去了欧洲的一大块，但在大多数国家里，人们却不愿抛弃它，更不愿猛烈攻击它。不信教的倾向在国王和满腹才华的人群中蔓延，但在中产阶级和人民中却步履艰难。无神论只是一时的风尚，是突发的奇想，而不是所有人的共同意见。1787年米拉波说："德国人普遍有个粗俗的错误说法，大意是，普鲁士各省都是无神论者。但事实是，这里只有几个自由思想家在聒噪，人民仍然信奉宗教，就像那些最虔诚的地方一样，而且其中还有很多宗教狂热分子。"他进一步说："很可惜，弗里德里希大帝禁止天主教牧师结婚，禁止已婚教士保留地位和职位。这个措施，我敢说，还真像这个大人物的所作所为。”在法国，不信教是一种激情，它普遍、强烈、不宽容并有压迫性，但任何其他地方都不这样。

法国当时发生的情景，是史无前例的。历史上各个时代都曾有人猛烈地攻击既定宗教，但暴怒总是来自于对某种新宗教的狂热。即使古代那些令人厌恶的伪宗教，也只是在基督教来临后才被取代和猛烈抨击的；之前，异教在怀疑和漠视中默默地缓缓衰亡，这是宗教正常的衰老和死亡的过程。但法国人暴怒地攻击基督教，却没想过要用另外一种宗教来代替被摧毁成废墟的基督教。人民持续而热切地努力，要扫空曾经充满信仰的灵魂，无数人满怀激情地去从事这件丢人的事。人是不能没有信仰的，没有信仰，灵魂便坠入痛苦，但此时的人民却好像很喜欢信仰的虚空。如果说16世纪只是一种病态的衰弱，这次却是狂热的全面舆论，要彻底摧毁宗教的存在。

几个主要作家偶尔聚齐，都带着一丝不信仰基督教的思想，但这似乎并不足以解释社会全面无神论这件怪事。因为这些作家的思想为什么会一致集中到这方面而不是其他方面呢？为什么他们注意相反的方面呢？最后，为什么他们比先人更有能力，让群众愿意听他们的，更愿意相信他们呢？那几个作家不是根本原因，只有这些作家身处的国家和时代的极其特殊的现实，才是这件怪事的正确解释，也才是这些作家之所以成功的原因。伏尔泰的精神很久之前就已存在，但直到18世纪的法国才让伏尔泰君临天下。

首先，我们必须明确一点，法国教会并不比别的国家的教会更值得攻击，相反，法国教会的罪恶和弊端比很多国家少得多，而且和过去相比，和其他国家相比，法国教会要宽容得多。所以，要寻找这怪事的特殊原因，就要到社会现实中去寻找，而不是宗教状况。

明白了这点，问题就呈现出了全新的面貌。问题不是“那时的教会，作为宗教机构到底有哪些弊端？”而是“教会为什么会成为大革命前进的障碍，教会为什么会让作为政治领袖的作家们看不顺眼？”

教会的根本理念，和作家希望看到的社会形式格格不入。教会依靠传统，而那帮作家则蔑视所有倚老卖老的制度；教会认为存在一个比个人理性更高的权威，而当时的作家则只依靠个人理性；教会建立在等级制的基[illegible]遵守这个前提才能达成互相谅解：政治社会[illegible]全没有这种共识，所以看来要攻击国家制度，就必须先摧毁教会制度，因为两种制度的基础和模式相同。

而且，虽然教会不是最压迫人的，但它是最大的政治实体，所以最令人讨厌。教会的管理本是后世的事情，所以其性质和职业和现在的政治不同，但它确实成了最大的政治实体；它到处谴责普通人的罪恶，却遮掩社会高层的罪恶；它用神圣的外衣罩住现存制度，似乎要让这些制度像教会自身一样永远流传。攻击教会，一定会引起人民的共鸣。

但除了这些一般原因，作家们拿教会开刀还有其他特殊原因，或者说，私人原因。教士阶层是政府中直接和作家作对的那部分，可以说完全对立。其他权力只是偶尔打扰作家，惹怒他们；但教会负责监视思想动态，查禁作品，时时刻刻都在和作家作对。所以教会是作家背上的芒刺，一直都在，而且拔不掉。作家们认为自己代表着人类的普遍自由，所以出于自卫被迫主动攻击目标，因为教会是作家要攻击的目标的最外边一层。

而且，作家们发现，教会是攻击对象身上最暴露、最虚弱的部分。皇权加强了，教会随之衰弱。一开始，教会高于王座，然后和它平起平坐，最后低于它。皇权和教会做了一笔交易：国王给教会提供物质力量，教会向君主提供道义支持；国王令人民信守教规，教会使信徒服从国王。大革命迫近时，这交易很危险，尤其对教会来说，因为教会是建立在信仰基础上的权力，没有强力。

虽然法皇仍然自称教会长子，却不孝顺，他保护起自己的权威来比对教会卖力得多。国王不许人民公开骚扰教会，但从不阻止暗地里的偷袭。

教会敌人身上的束缚，不仅没有减弱敌人的力量，反而使其增强。压迫偶尔确实会减缓思想的传播，但更多的时候是加速它。而当时的出版监管确实增加了出版的能量，并使其百倍增长。

压迫作家的程度恰到好处，招来了抱怨，而没有引起恐惧。作家在困难中努力奋斗，没有被打垮，反而激起了更大的斗志。打压作家的行动，几乎总引起社会舆论哗然，而且处理起来很慢，结果总是不了了之。这些行为，仿佛不是为了让他们停笔，而是激励他们笔耕不辍。如果出版能完全自由，也许对教会来说才能更安全一些。

1768年狄德罗给大卫·休谟写信说：“你认为法国对出版的钳制，比你们的出版自由更能促进思想的进步，但德雷尔巴，霍尔巴赫，莫雷莱和叙阿尔不同意你的观点。”但其实还是苏格兰人休谟说得对，他有作为自由人的经验。狄德罗是从作家角度做出判断的，而休谟则像个政治家。

如果问我第一个遇到的美国人，不管是在美国本土还是别的国家，问他宗教对法律的稳定和社会的秩序是否有益，他都会毫不犹豫地回答：没有宗教，文明社会尤其是自由社会，根本无法存在。美国人认为，尊敬宗教是国家稳定和人民安全的最重要的保障，最不懂政治的人也知道这点。18世纪法国哲学家最大胆的政治学说在美国得到了最全面的实践验证，但其无神论学说在那里却从来没有什么发展，虽然那里的出版采取绝对自由制。

英国也一样。在大多数法国无神论哲学家出世之前，不信教的哲学就已经在英国广泛传播，在无神论方面，英国子爵博林布鲁克是伏尔泰的导师。在整个18世纪，英国都有不信教的著名人物，多产的作家和深刻的思想家都支持这个事业，但从没胜利过，因为所有害怕革命的人都会急忙跑来助信仰一臂之力。就连那些生活在法国社会的英国人，虽然没有反对过我们的哲学家的学说，但也认为无宗教是极端危险的。每个自由国家的大政党，都认为辅助教会事业是有利于政治事业的，博林布鲁克本人就常和大主教们联手。教士被这样的例子激起勇气，故不会感到孤独，自己就有了自卫的能力。虽然英国教会机构内部有很多弊端，组织形式也有很多问题，但英国教会抵抗住了攻击。教士里出现了大量的作家和演说家，热切地守护着基督教。无神论经过讨论和辩论，最后被整个社会遗弃，政府根本没有帮一个手指头的忙。

[illegible]法国的无神论者们呢，那些当代的狄德罗或爱[illegible]没有这样的大作家了，他们没有市场，没人会读他们的作品。我几乎可以说，现在还有几个人知道几部无神论著作的书名呢？60年来，我们经历了足够——虽然不完备——的公共生活，我们对危险的文字已经失去了兴趣。看，法国的各个阶级都在大革命的狂潮中学到了尊重宗教的价值。1789年以前，贵族最反宗教，1793年后却变成了最虔诚的阶级；他们第一个遭受打击，也第一个皈依。当中产阶级在胜利中感觉自己也遭受打击了时，他们也开始向宗教靠拢。渐渐地，在全民混乱中失去了什么的人们，都开始重新皈依，对大革命的恐惧出现了，无神论倾向消失了，或至少看不见了。

在旧制度结束前，与此完全不同。政治家们都缺乏经验，不知道宗教在帝国治理中的作用。政治家需要维持社会秩序，使人民顺从，所以，和宗教有最切身的利益关系，但他们竟站在无神论的前沿。他们自己抛弃了信仰，还大力宣传，他们把肢解虔诚当成了打发无聊的消遣。

法国教会产生过很多大演讲家，由于感到被相关利益者政治家们抛弃了，于是灰心丧气，话都不敢说了。曾几何时，好像教会为了保住自己的财富和地位，只好牺牲了自己的信仰。

一方面，有人大肆口诛笔伐基督教，另一方面，仍有很多人保留着信仰，但他们不说话。没有放弃信仰的人开始害怕，怀疑是否只有自己和别人意见不同。于是，有信仰者开始害怕被社会孤立，逐渐加入了主流，虽然自己不持有主流的信条，明知是错的却一定要做。于是整个国家的情感开始向一边倒，新思想的威力仿佛无坚不摧。有些人是不能抛开信仰的，他们假装不再信教，其实他们内心没变，只是行为看起来变了。但就连这些假装反宗教的人，也开始相信整个国家都变了，而且一发不可收拾。有无神论倾向的人，开始时并不多，但渐渐地整个法国都这样了，过程就是刚才说的那种过程。这种过程在法国屡见不鲜，不仅仅是关于宗教方面，很多其他方面都是这样的。

18世纪末，宗教信仰陷入普遍困境，人民怀疑宗教，这无疑广泛地影响了大革命。奇异的环境催生了无神论的倾向，而无神论倾向融入大革命的性格，成了其最面目可憎的一面。

当我努力细究无神论的原因时，满意地发现无神论倾向并非源于人心日下、道德败坏，而是人们都疯了，所以才做出疯狂的举动。

通常，当宗教逃离灵魂，灵魂不会瞬间变空或崩溃，空出来的空间，会瞬间充满各种情感和思想，代替宗教的位置，使灵魂不至于崩溃。

如果说大革命时的法国人比现在更不虔诚，至少他们还有另外一种信仰：他们相信自己。我们现在没有这种信仰，所以他们令人羡慕。他们完全相信人类可以完美，人类的力量可以无穷，并热切地追求人类的光荣，对人类的美德深信不疑。他们骄傲地相信自己的力量，虽然这种情感常是致乱之途，但没了它，一个民族是不配得到自由的。他们坚信，自己生来就有一个目的，那就是改造社会，使人类获得新生。对他们来说，这些情感和激情成了另外一种新的宗教，产生了只有宗教才能产生的巨大作用。它激起了英雄主义和忠诚、正直、无私，不会在意我们今天所斤斤计较的小得小失。

通过广泛地研究历史，我敢断言，我从来没有见过另外一场革命，可以从一开始就让如此多的人同时拥有了这样赤诚、无私和伟大的爱国主义情操。这个民族在革命中暴露了自己最大的缺点，但这种缺点同时也是青年特有的美德，或者不如说是曾经的青年的特有的美德，那就是不世俗（而那时，拥有不世俗的性格是普遍现象）。

但是总体来说，无神论倾向产生了无限的坏处。

在世界上的大部分政治革命中，攻击法律的人都尊重宗教信仰。同样，很少有宗教革命领袖会试图改变政府形式和性质，彻底摧毁政府结构。在所有最伟大的社会阵痛中，法国大革命牢牢地占据了自己与众不同的位置。

[illegible]的精神开始失衡，不知道什么时候该停，什么原则值得[illegible]疯狂，敢于尝试任何新鲜事物，对谨慎不屑一顾，对所有辩论和反对的声音立刻予以否定。

我们不能认为这种新人是暂时的、孤立的、昙花一现的环境的产物，因为他们没有随着个体的消失而消亡。不，那个时代产生了一个新的人种，而不是一类新人，这个新人种在地球上的所有文明中传播开来，他们外貌一致，激情相同，性格同一。我们从出生就认识这些人，现在他们仍然活在我们眼前。

第20章
法国人何以要先改革再自由？

非常值得注意的是，很多思想和情感为大革命做好了准备，其中一项是所谓的政治自由，它是最后出现也是最早消失的一项。

政府的古老大厦处于危险之下由来已久，只是它摇摇欲坠，没人去推它。伏尔泰也很少思考它。伏尔泰在英国居住了三年，很理解英国，但并未爱上它。在英国自由流行和传播的怀疑论哲学使他倾心，但他不喜欢英国的政治规则，他注重批评其缺陷而不是褒扬其优点。正如在他的杰作《伏尔泰书信集》中一样，议会是谈得最少的。实际上，伏尔泰很嫉妒英国人的学术自由，却不太关心他们的政治自由，仿佛学术自由独立于政治自由，即使没有政治自由也能长期存在。

18世纪中叶，出现了一个派别的作家，他们专门讨论行政问题，由于他们在这些行政问题上的看法和原则大多一致，于是诞生了经济学派或重农学派。在历史上，虽然他们比不上哲学家有名，对促成大革命的贡献也不多，但是我认为，他们的著作才是研究大革命真正本性的最佳材料。在国家治理上，哲学家们几乎都陷在普遍和抽象的思想里；经济学派也没有脱离理论，但他们的理论和现实结合得更加紧密。理论派提供理想，实践

◎弗朗索瓦·魁奈，经济学派的代表人物

派则指明切实可行的计划。后来，大革命所废除的那些制度，都正是他们曾经所要极力废除的，在他们眼里，没有哪种制度值得宽容。而且，后来大革命所创造的一切，也正是他们很早之前就已经展开热烈的讨论并想激励推行的。实际上，大革命后的任何一种社会体制都曾在他们的著作里讨论过，甚至包括该制度所有的本质特征。

在他们的著作中，也早就透露出我们今天所熟悉的民主革命精神；他们不仅憎恨特权，更憎恨等级制度；他们热爱平等，哪怕是奴役下的平等。一切妨碍他们计划的东西都应该被摧毁。他们不尊重契约，不尊重私人权利；或者精确地说，他们认为私人权利根本不存在，只存在公共利益。但是总的说来，他们是热爱和平、不[illegible]的一派人，他们值得我们所尊重，同时，他们也是正直的法官和有能力的行政官。而且，他们对自己所热爱的学科的那种专注让人称奇。

经济学派极其蔑视过去，勒特罗纳说：“国家一直被错误的原则统治，一切好像都放任自流。”以这一思想为基础，他们开始全身心地投入工作，去摧毁那些古老的、传承已久的制度。他们的计划周密，理论和行动并重，他们计划的一个显著特征就是摧毁旧制度。在宪章会议把法国肢解之前的40年，已经有经济学派提出，要重组整个国家的区域划分，改变所有省名。

自由制度的思想在他们的头脑中闪现之前，经济学派只是早就构画好了一些社会改革与行政改革，而这些改革的想法后来都被大革命实现了。的确，他们非常支持打碎那些压在粮食和工业产品在销售和运输方面上的限制，但却从来没有想过什么是政治自由，甚至当政治自由的想法在他们的脑子里一闪而过的时候，他们的第一反应就是不屑一顾。他们大多数都极力反对设立有立法权的议会，反对地方政权（处在从属地位也不行），总之，他们反对所有自由国家建立的旨在平衡中央权力的制度与措施。魁奈是杜尔哥的老师，他说：“互相制衡的系统是政治败笔，会导致政府的毁灭。”魁奈的一个朋友说：“制衡体系纯属虚构。”

因此，他们提出了防止权力滥用的方法——公共教育。按魁奈的说法：“如果国民教化，专制就不可能存在。”他的一个学生说：“政府权力的滥用会招致让人心痛的灾难，而对此人们采取了无数的方法、手段却都全然无用，因为他们忽视了唯一真正有效的手段，即公民教育，并且这[illegible]是真正的正义和自然的法则。”他们就[illegible]

勒特罗纳对国家忽视农村发展感到无比痛心，在他的描述中，农村一无道路，二无工业，也没有智力进步，但他从没想过把农村事务交给农民自己负责，他没想过村民会能管理得更好。

甚至连视界广阔、天赋超群的杜尔哥，也不喜欢政治自由，甚至比其他人更加讨厌。他对政治自由根本不屑一顾，直到晚年才在公众情感的启迪下转变思想。就像对大多数经济学派所提出的一样，对他来说，国家公共教育是最佳的政治保障，但他希望能按照某种特定的方案在某种特定的精神思想指导下进行。他对这一措施抱有必胜的信心，认为这是种拯救理智绝对有效的良药；与他同时代的一个人把这种方法叫作“稳定原则下的教育体制”。

杜尔哥在一份论述此观点的奏折中对国王说：“我大胆地预测，十年之后，这个国家将会好得连你都认不出来。我们国家的公民在知识、道德、忠诚和爱国主义方面将远远超过其他国家的公民。到时，现在十岁的孩子将成年，他们在这样的教育下长大，必然会热爱国家，服从权威是他们的理性而非对权威畏惧的心理，他们对同胞充满同情之心，并养成服从和尊重正义的习惯。”

政治自由能够在法国盛行，不知是何年何月之前的事情了，所以它的条件和效果早就被人们忘得一干二净。而且，遗留下来的只是一些陈旧的残迹，用来保证政治自由的种种制度反而使得政治自由落下了很差的名声，人们总是对它不屑一顾甚至有很深的偏见。尚存的国家会议，大部分都很陈旧，形式和精神也都停留在了中世纪，所以残留的政治自由不仅不能促进社会进步，反而形成了阻碍。只有最高法院是各政治机构中唯一留下可以制约政府权力的机构，而它不仅没能遏制政府作恶，反而常常在政府要行善时加以阻止。

经济学派认为，用旧工具、旧制度来完成革命是不可能的，他们也不同意让国民主宰国家的想法，他们还认为公众运动根本无法帮助改革，因为公众参与如此精密和繁杂的改革是不具可行性的。他们想，那就最好让开明的君主来完成他们的大计吧，这样就容易、简单多了，还有一定的效果。

王权不是中世纪的产物，也丝毫不带中世纪的痕迹，它身上有好有坏。经济学派认为王权偏爱阶级平等，法规统一，认为王权从心底痛恨所有产生了封建社会的旧制度和寡头政治。只要君主开明，法国就会有一个组织良好的政府形式，会是欧洲最强大、最伟大的政府机器。在他们看来，它的存在本身就是一个幸运的意外，如果那时也流行上帝旨意，他们一定会说这是上帝的恩赐。勒特罗纳评论说：“法国比英国的情形好得多，这很让人开心。因为法国人要改革整个国家的状况，一瞬间就行，而英国人还得受党派之争的妨碍。”

所以，这个理念的核心就不是如何摧毁专制皇权的问题，而是如何转变皇权的问题了。“国家必须按照自然秩序的法则进行统治，”摩西尔·德·拉·里维埃说，“而国家如果要这样做，就必须有无限的权力。”另一个人说：“必须让国家彻底明白它的职责所在，只要做到这点，国家就能自由发展。”所有的经济学派，从魁奈到博多修道院长，都是一个思想。

用王权改革社会只是他们计划的第一步。他们期望法皇的思想要同他们所要建立政府的首脑一样。所以你看，他们先让皇权像他们设想的理想政府，然后再让理想政府像皇权，二者在某种程度上是一致的。

经济学派说：政府不仅要管理民众，而且要塑造国家。国家应当按照预先设想好的模板来塑造公民的精神世界。国家有责任把特定的思想灌输给国民，把特定的情感注入国民的心灵，但国家需要提前确定哪些思想和情感是必要的。实际上，国家的权利和权力都不应有任何限制，它有责任改造国民，使他们改邪归正，而且只要国家认为有必要，甚至可以创造新的人。“国家，随心所欲地造就新人吧。”博多说。这话概括了整个理论体系的精髓

不同，性质不同，大小不同。它不来源于上帝，和传统丝毫无关；它不是人，所以它叫国家，而不是国王；这种权力不能世袭，不属于任何家族，而是整个国家的总体产物和代表。它是所有人的权利之和，所以个人权利在它面前必须让步。

这种制度，和中世纪时所创造出来的一种叫作民主专制的特殊专制形式非常相似。社会中不再有等级之分，不再有阶级之别；一个民族的单个个体彼此完全相同，或至少十分类似；这个东西被认为是唯一的合法统治者，但却完全被剥夺了管理甚至监督政府的任何权力；在它之上有个独一无二的代表，有权对任何人做任何事情，而不必征求对方的意见，而控制他的行为的是从公众角度考虑的正义感，没有但是，不用什么机构，只有对和错；要阻止他，要用革命而不是法律；这个代理，名义上是处于从属地位的代表，但是实际上却是主人。这就是经济学派的整个计划。

他们在自己周围没有找到和自己的理想蓝图相一致的东西，于是便到亚洲去寻找模板。我可以毫不夸张地说，没有一个人在他们的著作里不大肆地赞扬中国清朝的体制。只要读他们的书，就一定会看到他们对中国的赞扬；而正是因为就算到了现在，我们对中国也还知之甚少，并不充分，所以，他们和我们所讲的基本都是没什么作用的。他们要求世界上所有的国家都翻版建立这种野蛮愚蠢的政府，另需派驻一团欧洲人去管理这些国家，并且还想什么时候去管都行。在他们看来，全体法国人都欣赏清朝的体制，并且希望英国也变成那样，美国随后。一个拥有绝对权力而不怀偏私的皇帝执掌政府，每年亲手下地耕种以鼓励实用技艺，一个国家只信仰

哲学，只有渊博知识的人可以做贵族，只有文采出众并在文试中胜出者可以为官……一想到这样的政府、这样的国家，他们就禁不住热情高涨，兴奋不已。

读一下摩莱里的《自然法典》，你就会发现，经济学派关于国家的无上权力和无限权利的全部学说，是最近这些年法兰西最恐惧的政治理论。我们觉得自己看到了它们的起源：社会财产、劳动权利、绝对平等、整齐划一、个人活动的机械统一、个人绝对服从规章（无论规章多么不合情理），以及个人完全被社会整体所吸收。

《法典》第一条说："没有任何东西完全属于任何个人。财产是可憎的，所有试图恢复财产制的人都是危险的疯子和人类的公敌，他们将被判终身监禁。"第二条说："每个公民将由公众出资抚养、照顾和供给，一切产品收归公共所有，分配给公民供其生活所需。所有城市需按同一规划建设，所有个人住所都应彼此相同。所有孩子到五岁都必须从家带走，由国家按统一规划共同教育。"这本书读起来就像是昨天才写的，其实是1755年出版的，那时魁奈正在创建他的学派，到现在都快一百年了。

所有那个时代的学派中，经济学派和这个时代最相合；他们对平等的激情如此热烈，对自由的热爱如此暧昧，简直就像来到了大革命后的法国。当我读到发动大革命的那些人的演说和著作，马上就觉得自己被置于陌生人之中；但当我对经济学派的著作稍微一瞥，就会开始想象自己是不是曾经和他们一起生活过，刚还和他们聊过天。

1750年左右，不仅法国人不关心政治自由，经济学派也不关心了，因为没用，所以品位和观念也都一起消失了。人们寻求的是改革，而不是权利。如果有个见识长和度量大的皇帝在位，比如弗里德里希大帝，我敢肯定他改革的成就绝一点儿不逊色于大革命所做到的改革，而且他不仅不会丢掉王位，还会大大增加权力。有人说路易十五最能干的大臣之一——M.德·马肖尔特先生曾经想过这个主意，并告诉了国王；但要执行这种大事，不能根据二手建议，路易十五觉得，如果自己要做，自己就一定能构想出来，不需要别人建议。

20年的时间改变了世界的面貌。很多迹象都能证明，法国看了一眼政治自由，并爱上了它。外省开始要求管理自己的政府。人们普遍感染这种思想并接受，政治自由认为每个人都有权参与管理自己。对三级会议的回忆又活了过来。法兰西人厌恶自己国家的历史，但喜欢去回忆这

制度。

1771年废除了最高法院，公众曾经饱受其苦，但看到它消失却悲痛异常。好像最高法院一倒，最后一道制约国王专权的屏障也彻底摧毁了。

面对这一切，伏尔泰义愤填膺，他致函朋友们说：“几乎整个国家都陷入沸腾和恐惧之中，连外省都和巴黎一样民情激愤。但是我觉得国王的敕令里满是有益的改革。罢黜贪官，建立主持正义但免费的法庭；阻止申诉者从外省千里迢迢跑到巴黎来，免得他们倾家荡产；国王不辞劳苦担负起领主法庭的费用，难道这些措施对国家不是大有好处吗？而且，议会不总是在野蛮地迫害人吗？我的确佩服那些蛮人偏袒、傲慢，如同桀骜不驯的暴发户的行为。我本人相信国王是正确的。如果必须为人服务，我选择服务于出身高贵的雄狮，因为他比我强，我绝对不会选择去为200只和我同样出身的老鼠服务。”他还进一步说，用一种推脱的方式：“想想看，国王替领主负担司法费用，我不应该大加地赞赏他的这种恩赐吗？”

伏尔泰已经很多年都不住在巴黎了，他以为公众的思想还是他离开时的老样子，他错了。法国人不再满意于看到自己的事情被别人全权代理，他们要自己管理自己，一场酝酿已久的伟大革命隐隐可见，随时可能爆发。它不仅获得了民众的同意，而且民众亲自参与大革命。

我想，从那时起，这场激进的革命就已经不可避免了，它注定会摧毁旧制度的所有，无论好坏，无一保留。这些民众都还没有做好充分的准备就开始动手全面改革，这是不可能不摧毁一切的。虽然法国人革命是以民众主权的名义并由民众亲自发动的，可当我一想到大革命摧毁的那些阻碍

◎亚历山大·蒂贝尔（Alexandre Debelle）的名画《砖瓦之日》（The Day of the Tiles），1788年6月7日发生在法国东南部城市格勒诺布尔的事件，这是法国大革命前夕的首次抗争，部分历史学家把它作为法国大革命的序幕

自由存在的制度、思想和习惯，要是由一个专制君主来完成的，造成的危害要小得多，可能我们要成为一个自由的国家也会更容易，这比大革命的效果要好一些。

要充分理解法国大革命的历史，上文所阐述的几条应当牢记心间。

当法国人开始想要政治自由时，他们好像对公共管理有了一些新的认识，他们发现似乎有些社会管理方式不仅和自由很难共存，而且几乎完全对立。

在他们的理想社会中，没有贵族，只有公务员；没有权贵，只有政府，只有唯一一个拥有无限权力的国家指导者和个人保护者。他们不想放弃这个制度，也不想放弃自由，所以试图把两者调和为一体，找到一种可以和自由兼容的制度和思想。

在之后的60年里，正是这个愿望，才让我们经历了致命的大革命，革命者们在这个国家疯狂试验了各类型政府，但通通无效。所以，许多法国人厌倦了没有效果的努力和劳作，开始放弃第二个目标，又回到第一个目标上来。他们声称：即使是由君主统治，我们也会得到我们想要的公平。

常常问自己：政治自由的激情从何而来，让人们做出诸多壮举？它扎根于什么情感？从何处吸取养分？

我清楚地看到，当一个民族管理不善，它就会寻求自治。但这种对独立的向往通常来自专制的弊端，而这种弊端产生于某些特殊时期，是暂时的，所以激发我们向往独立的事件过去了，它也就一起消失了，不会长久。对自由的热爱原来只是对主子的痛恨。为自由而生的国家痛恨所有阻碍自由进步的绊脚石。

我也不相信对自由的真爱是出于人们看到了它能带来的物质好处，因为物质方面的好处不是总能清晰地呈现于人们眼前。从长远来看，崇尚自由的人确实会过着舒适、独立的生活，而且自由也常常给他们带来富裕。但有的时候，它也会让人暂时失去这些福气，有的时候，只有专制才能最直接地满足人们的需求。不能够全面正确地看待自由，只贪图自由带给人们好处的那一面而忽视其弊端，这样的人是绝对不能拥有真正的自由的。

自由有内在吸引力，有独特的魔力——和偶尔能带来的福利无关——这些攫住了历史上的伟大的自由领袖，他们爱它，是因为他们爱可以无拘无束地说、做和呼吸的乐趣，只受法律和上帝的制约。谁为了获得自由之外的东西妄称寻求自由，谁就已经变成了奴隶。

有些民族不顾危险和痛苦固执地追求自由，不是要得到物质好处，他们把它看作宝贝和必需品，如果丢了，任何东西都不能安慰他，为了享受它，一切的痛苦都可以忽略不计了。相反，另一些民族在繁荣期厌倦它，任凭别人夺走它而不做任何反抗，反而好像一反抗就会损害他们拥有的繁荣盛世。

那么，什么是成就自由，并使它经久不衰的良方呢？那就是对自由的认识与理解。别让我去说我是如何看待自由的，一句话：只能意会不能言传。不亲身经历的人怎会有切身的体会。上帝造的每一颗伟大的心都是用来迎接它的，它会填满那颗心，点燃那颗心。和那些从来没有感受过它的劣等灵魂解释，是浪费时间。

第21章

[illegible]

路易十六时期是旧王朝最繁荣的时期，但这种繁荣反而加速了大革命的到来，为什么？

毋庸置疑，路易十四早就开始消耗法国的元气，但王权开始大幅走下坡路是很久以后的事了。在路易十四王朝的全盛期，已经开始显露各种衰落迹象。在停下征服欧洲的脚步之前，法兰西早就千疮百孔了。有谁没有读过法国元帅沃邦留给后世的那篇有关政府统计的满是火药味的短文？17世纪末，在围绕王位继承而爆发的那场摧毁性的战争之前，总督开始议论纷纷，说这个民族衰败的脚步越来越快，而他们的议论，用的不是现在时，而是完成时，说明这种现象不是近来才有的。一个总督发现，数年来本省的人口一直持续减少；另一个说，一个曾经繁荣富饶的城市如今已经不需要任何人劳动，因为没什么土地可耕种。一个总督报告说，本省内曾有很多工厂，但现在都废弃了；另一个则报告说，比起现在，20年前的土地更加肥沃，农业更加繁荣。奥尔良的一届总督非常确定，不到30年的时间，本省的人口和粮食产量都下降了20%。强烈拥护专制的统治者和喜欢发动战争的国王们，应该读一读这些文件。

制度的弊端引发了这些与国家发展极其不协调的事情，就算处死路易十四，结束战争，对恢复国家的繁荣盛世也都是无济于事的。18世纪上半叶，政府管理和社会经济方面的作家们都一致认为外省不但没有恢复，反而崩溃的脚步比以前更加快速了。他们说：外省中只有巴黎越来越富有，并一直向周围扩张。一般来说，法国作家和政府的观点都相左，不过这次两者达成了一致，各省总督、财政大臣在这一点上和文人们看法一致，商业家们也都赞同这个观点。

我坦诚，我本人不太相信18世纪上半叶法兰西就已经稳步衰落了，但所有人都相信，尤其是那些理智而有判断力的人也这么认为，因此可以说，最起码，当时没有明显的进步。我所看到的该时期的政府文件，也确实显示出整个社会都是混沌一片。政府在旧路上兜圈了，没有任何创新力；城市也未曾做任何努力去改善环境，使居民的生活更舒适更健康；这时候也没人从事个人事业，无论是大是小。

大革命爆发前三四十年，变化就开始了。社会躯体的各个部分好像都从内而外地颤抖起来。这种现象从来没有过，不细心的人都没有注意到；但是渐渐地，它变得越来越突出，越来越明显。颤抖逐年剧烈起来，且开始一年比一年更甚，开始波及其他身体部位，最后整个国家都开始颤动。请注意，不要错把它当成国家的古老生命的复活！这是一种新精神的觉醒，所有的生命力都是为了摧毁而蓄势待发。

所有人都对自己的环境不满，寻求改变。于是，改革的呼声从四面八方传来了。但寻求改革的声音里满是不耐烦和愤怒，人们诅咒过去，梦想一种新的社会，在新社会里所有的一切都和他们眼前的世界完全不同。这种精神思想很快就渗入了政府内部，革新者们开始从内部改造它，虽然外面的形式没变，如法律条款都没有变，但执行起法律的方式却变了。

我在前面提过，1740年财政大臣与总督的关系，和1780年财政大臣与总督的关系是截然不同的。这一点从政府的通信中更能看得出来。两个时期，总督拥有相同的权力，任命相同的总督代理，使用同样专横的手段，

◎拿破仑时期的朝廷

拿破仑的早期战争捍卫了法国大革命的成果，他建立的法兰西第一帝国进一步摧毁了封建制度，巩固了资产阶级社会的秩序，传播了法国革命的思想，在客观上有利于欧洲封建制度的瓦解和农民的解放。

但是他们的目的却不同了。1740年的总督只负责保持省内秩序，收兵役税和农业税，1780年的总督则满脑子计划，让公众富裕起来。他们的所有精力都集中在道路、运河、制造业、商业，尤其是农业上。这让絮里（亨利四世重臣）成为名噪一时的模范官员。

在这个时期，前面提过的农业协会开始出现，出现了很多农业能手竞赛，而且还颁发奖励。我看到过财政大臣的各种通报，读起来不像国家公务文件，反而很像农学论文。

要更明确地看到统治阶级的精神开始转变，莫过于查看征税的变化。虽然法律还像过去一样不平等，同样专横，同样严厉，但在执法时，所有那些缺点都缓和多了。

莫里安先生在《回忆录》中说，当他"开始研究税法时，对自己的发现吓了一跳。针对漏税，特别法庭有权罚款、监禁和进行体罚；包税官只要发誓就可以作为充分证据，他们可以用自己的权力控制几乎所有财产和人身等"。幸好他没有把研究局限在法典文本上，而且很快发现，法律文本和法律施行之间所存在的差异，多如旧金融家和新金融学派的不同之处。"法庭总是倾向于减罪或缓刑。"

1787年，下诺曼底省议会就以类似的口吻记载："苛捐杂税太多，会产生无数权力滥用，让政府苦不堪言；但是我们承认，实际的征税过程，最近几年都很温和谨慎。"

官方文件充分证明了这种说法，其中展示出了对自由和生命的绝对尊重，尤其可以从中看出他们普遍关照苦难的穷人。关心穷人，是种新情感；税务部门对穷人极少施行暴力，而且经常豁免税项，赈济也很多。国王给所有农村地区的慈善工场或济贫院定期拨款，还偶尔拨额外的专款。我发现，在上基耶内省一处，国家用于慈善的拨款在1779年为8万多里弗尔，1784年的图尔省是4万里弗尔，1787年的诺曼底省是4.8万里弗尔。路易十六不总是把该政府部门交到大臣手里去管，有时会亲自负责。当皇家养的猛兽在王室狩猎区周围破坏农田，则敕令下达，必须向农民赔付，而且国王亲自撰写敕令导言，指导农民该采取什么方式迅速获得赔偿。杜尔哥记录了这位好心但很不幸的国王的善举，国王把亲手写好的草稿交到他的手上，对他说：“你看，我也做我自己那部分工作。”如旧制度的最后几年，确实如某些人所描述的那样，这幅景象是那么诱人、那么虚幻。

统治者和被统治者的心理发生变化的同时，公共繁荣开始以从未有过[illegible]更快。美国战争并没有让这种发展慢下来，虽然战争使法国政府遭到了屈辱，但并没有妨碍法国民众的发展，他们变得更加勤奋，更有创造力，比以前更加富有了。

当时的一个官员说，“在1774年，工业迅速进步，可征税物品的总量大幅增加。”国家与个人签订包税合同，也就是国家把这些税收包给个人。比较一下路易十六不同时期的各种包税合同，人们就能明白，税额以令人吃惊的速度高涨。1786年的租金比1780年多1400万里弗尔。内克尔在1781年的一份报告中估计：“物品消费税的产出每年增加200万。”

亚瑟·扬格说，在1788年，法国波尔多的贸易总额比英国的利物浦要多很多。他进一步说：“近几年，法国海上贸易比英国发展得更快，近20年来几乎增长了一倍。”

如果人们仔细比较法国的各个时期，就会确定，大革命后再也没有出现过革命前20年那样的社会繁荣与进步。立宪君主制的37年是法国的和平期和迅速发展期，只有这个时期可以和路易十六时比肩。

如果人们想到政府还有许多痼疾，想到工业发展还有很多障碍，他们看到这幅如此让人称赞的繁荣景象，就会非常吃惊。一些政治作家会否认这个事实，因为他们无法解释，他们就像莫里哀喜剧中的医生那样断言，病人没有吃自己给他们开出的药，那么病人的痊愈一定是假象。不平等的课税、五花八门的风俗习惯、国内关税、封建权利、行会钳制劳工、官员贪赃枉法等，在这些东西一直都存在的情况下，法兰西居然还能如此富裕繁荣，这怎么可能呢？但是无论怎样，法兰西就是变得越来越富饶，并向全面发展。这个道理很简单，因为在所有能够使法发展法兰西减速的力之外，也就是那些怪异的、不和谐的社会机器之外，存在着两种非常简单、非常强大的加速力。一种力，是强大但不再专制的政府，它负责维持全国的秩序；另一种力，是这个民族本身，它的上层社会是这片土地上上最开明、最自由的人，在它内部，所有人都可以随心所欲地赚钱，而且赚的钱都是自己的。正是这两种力把社会连成一体，推动社会一路奔向公共繁荣。

◎旧巴黎工业的繁荣

虽然法皇依然以主人的身份说话，但实际上成了舆论的奴隶，因为他所有的灵感来自每日的舆论。他不断咨询大众的观点，敬畏舆论，讨好舆论。理论上说，国王有专制权，但在实际运用时，他的权力被限制住了。

1784年，内克尔在一份公文中说：“外国人很难明白舆论在当今法国的威力，他们很难明白这股无形的力量的本质，这力量甚至统治着王庭。但是，事实就是这样。”

把一个国家的强大一概归因于立法机制，是肤浅的、错误的；因为在国家强大与否方面，起作用的不是工具是否完美，而是发动机的力量是否[illegible]财产更多、更安全，比英国社会更稳固、更繁荣？所以说，英国强大的原因，不在于立法的优良，而在于渗透整个英国法律的精神。某个器官不完美，没多大关系，因为它的整个生命力是强大的。

随着法国的繁荣和进步，法国人的精神变得越来越躁动不安，公众的不满变成了痛恨，对旧制度的仇恨持续增长。这个民族显然需要一场革命。

而且，那些进步最神速的地方，正是大革命主要的发源地。如果去研究法国旧省的政府档案，你就不难判断，巴黎周围的几个省，是改革旧制度最早最深刻的地方，这里农民的财产和自由早就比别的省得到了更好的保护。早在1789年之前，这里的劳役制就废除了，农业税也比其他各省收得更少、更正规、更平等。如果要理解总督所做的一切，不管是好事儿还是坏事儿，就必须仔细研究1772年进行的法律改革。新法完全改革了农业税。钦差每年下到各个教区，召集全体大会，当众确定财产的价值，公开讨论并确定每个人收入的高低，在所有纳税人都同意的基础上确定农业税额。教区理事的蛮横不见了，再也没有动武事情的发生（而且暴力根本解决不了问题）。尽管农业税本身的还存在一些弊端，但这种税收制度在当时已近完美，虽然它还是只由一个阶级缴纳，对劳动和财产同时收税。但是，和邻近省份也叫同一个名字的税项相比起来，已经完全是两码事儿了。

另一方面，旧制度在这些地方保留得最完整，比如卢瓦河流域，尤其是河口处，比如普瓦图沼泽和布列塔尼荒原。但也正是在这些地方爆发了内战，他们对抗大革命做出了最顽强、最有力的反抗。而这所有的发展似乎也敌不过内战的破坏。

让人称奇的是，这看似矛盾，让人想不通的情况在历史上尽是上演着相似的一幕幕。

之所以会发生革命，并不总是因为本来好好的国家腐朽了，而且越来越糟糕。而是民众开始意识到，原本他们所受到的那些苦难是来自国家给他们的压迫，而一旦减轻压力，他们就会立刻反叛。被革命摧毁的制度，几乎无一例外都比它之前的制度要好，而且根据经验，衰败的制度最危险的时刻，通常是它开始改革的时候。为了拯救长期以来饱受压迫的臣民，国王可能会考虑开始改革，一个时刻一旦来临，他将必输无疑，除非他有极大的天赋扭转乾坤。当苦难不可避免，人们就能心甘情愿地默默忍受着，但一旦有任何避逃离苦难的可能，一切又会变得忍无可忍。一旦解决了一个棘手的问题，就会给另一个亟待解决的问题带来希望，也给统治者们带来了新的难题。如此往复，人们不断意识到一个又一个的苦痛，而随着痛苦不断的减轻，人们的身体也开始对疼痛变得越来越敏感了。

面对社会的动荡与衰败，法国人恨透了此时的封建旧制度。路易十四的专横独裁手段和路易十六比起来都是小巫见大巫的，哪怕是在路易十六他看来很轻微的手段也是如此。博马舍曾被路易十六短期监禁，但在社会上引起的轰动比路易十四时期龙骑兵迫害新教徒时更大。

1780年的人，没人认为法兰西在衰落，相反，此时的它看起来前途无量。正是在那个时候，“人可以永恒、无限地发展到完美”的理论出现了。20年之前，人们对未来毫无期望；到了1780年，人们则对未来无所畏惧。人们的想象力预示了一个新时代的到来，这个新时代可以提供从来没有过的幸福，人不再关注眼前的幸福，而是把所有注意力集中在新的幸福上了。

除了这些具有普遍意义的原因，该现象还有其他同样有力的特殊原因。财政部门已经像其他部门一样改进，但它不可避免地会保持专制政府固有的弊病。财政部是个秘密部门，除了国王不对任何人负责，所以它保留了路易十四和路易十五时期的某些恶行。政府为促进公共繁荣而不断努力着，偶尔慷慨地帮助需要帮助的人，实施公共基础建设。这些措施每天都在增加开支，而收入却并未同比例增加。这使路易十六遭遇了历届国王[illegible]国王承诺的利息，但他们在乎的不是利息，本金才是他们关心的大问题，因为只有国王的一句话做保证，无其他任何凭证。你相信国王不会还钱吗？信也得信，不信也得信。

有一个证人值得相信，因为他亲眼所见，而且位置特殊，所以比其他人都能看得更清楚，关于这种情况他曾说：“法国人和自己的政府打交道的时候很冒险。购买政府公债，利息遥遥无期；为政府造军舰、修大路，做军服，政府什么时候该付钱，谁也不知道。实际上和政府的大臣签订合同时，人们被迫谨小慎微地计算对方违约的可能性，因为和政府做生意，实在是太过冒险的投资行为了。”他还意味深长地说：“当时工业蓬勃发展，点燃了人们心中对获得财富的渴望，那种渴望不同寻常，人们还培养了很多其他新的渴望，比如渴望安逸，渴望享受，所以，把钱借给国家的人比以往任何时代的人都更深切地感受到债务人的信誉是多么糟糕；而政府作为债务人，本来最应该具有契约精神，在信誉方面做出表率。”

在法国历史上，政府因为还不上债而受到指责，这事儿并不新鲜，但路易十六时遭到的攻击最多，乃是因为人们看问题的角度不一样了。虽然从前的财政部缺陷更严重，更多，但是时代变了，不和从前一样了，政府也变了，所以人们受到的伤害比以前更大了。

20年间，政府非常活跃地参与各种新事业，所以成了最大的工业产品的消费者，它持有的合同数量之多，全国无人可比。和政府有债权关系的人、有兴趣购买国债的人、在政府的生意中投机倒把的人，还有替政府签订合同并拿薪水的人，数量以惊人的速度增长。

国民的私有财产和国家财政之间，建立了千丝万缕的联系，这种情况以前从来没有出现过。国家的财政管理不善，以前只是政府劣迹，现在关系着成千上万的家庭，于是就成了灾难。1789年，国家欠私人将近6亿里弗尔，那些借钱给国家的人，本身也是借债度日，所以国家偶尔犯些小错，就会对人们造成强烈的伤害，无限增加人们的痛苦。而且这些对政府不满的人，数量越来越多，于是大伙儿的怒气聚集起来的过程，就不是一加一等于二那么简单的过程了，大家火冒三丈，怨言满天飞。人们渴望迅速发财，便开始不管不顾地投机。随着商贸发展越来越强大，人们对财富的渴望和对安逸生活的追求在整个社会中蔓延。国家老不还钱的这种麻烦事儿，对他们来说仿佛实在难以忍受，而30年前却不是这样，那时的人可能就那么认了，甚至一句怨言也没有。

银行家、商人、工业家和其他生意人或金融家，本是社会最保守的一个阶层，是政府最衷心的拥护者。但是现在他们最难以忍受法律的约束，不管曾经对法律的喜好如何，他们成了脾气最暴躁、革命最坚决的阶层，尤其是他们要发动金融革命的决心。只是没想到，一场激进的金融革命，会摧毁整个政府。

怎么可能避开这场浩劫呢？一方面，一个民族的发财欲望日益膨胀；另一方面，政府不断忙着刺激这种热情。它点燃了人们的贪欲，现实又让他们绝望，在这种让人纠结的场面中，这两方面都在迅速把社会推向毁灭。

第22章

140年里，民众都不是公共事务舞台的主角，一刻都不曾是。民众可以在公共事务中扮演一个角色，但没人相信这种可能性，于是法国民众对公共事务不感兴趣。由于民众不闻不问，所以被当成了聋子。所以，当有人关心民众命运的时候，就当着民众的面大谈特谈，仿佛他们没在场。这些话似乎都是讲给上层听的，只有他们能听到，唯一值得担心的事，就是高层听不懂或不愿听懂。

最害怕激起公愤的上层阶级一伙人也开始在公开场合大声地谴责贫苦民众们长期以来所遭受到的不公正待遇。于是他们积极揭发制度中种种骇人听闻的恶行，认为政府是民众身上最沉重的负担。他们雇佣一些文笔好的人绘声绘色地刻画民众的苦难，讲述高强度劳动者的报酬之低。他们想通过这种办法来解救民众，结果使他们怒气冲天。别弄混了，我说的“他们”可不是作家，而是政府，政府的高官们，他们矛头所指的特权阶级也正是他们本身就是的一部分。

回溯到大革命前13年，国王曾努力废除劳役制，他在敕令的导言中说：“除少数几个三级会议省外，国家的所有道路几乎都是最贫穷的那一部分臣民们无偿修建的。所有的重担全部压在那些只有劳力没有财产的人肩上。但他们和这些道路关系却不大，真正得到切身利益的是土地所有者，因为他们的财富会因为修了路而增长，而且这些人都是有特别豁免权。强迫穷人修路，免费霸占他们的时间和劳动，就剥夺了他们对抗贫困和饥饿唯一的保障，付出沉重劳动的是穷人，获益的却只有富人。”

另一方面，政府开始努力消除工业行会制度给工人施加的种种限制，政府以国王的名义宣称：“劳动权是最神圣的权力和财产，所有妨碍劳动权的法律均违背自然权利，故必须视为无效。而且，现存的行会是不正常的、残暴的机构，是自私、贪婪和暴力的产物。”

这样的言论确实很危险，更危险的是说了也相当于白说。几个月后，劳役制和行会又重新恢复。

据说是杜尔哥让国王说这些话的，而杜尔哥的继任者也大多仿效他。1780年，国王宣布，今后增派农业税必须公开投票表决，还特意加了一条：“收税的方式把纳税人折磨得很痛苦，而且还要承受意料之外的增派，所以，臣民中最贫穷的这部分人缴纳税额的增长比例远远超过所有富人。”国王还说，“纳税人人平等”，不过他开始努力地保证一个原则：各阶级平等收税。他说：“国王不希望听到富人们抱怨把他们和穷人放在一个纳税水准上，因为富人早就该平等地承担属于自己的那份义务。”

尤其在饥荒年，这些措施往往更加有力，但仿佛没有缓解人们的需求，而是有意刺激了群情激愤。有个总督为了激起富人的善心，说：“土地所有者的一切财富都来自于穷人的劳动，但当他们榨干了不幸的劳动者的劳力后，就任由他们饿死。这公平吗？这难道不是很残酷吗？”某年饥荒，国王在敕令中说：“国王要保护民众免受无衣无食之苦，富人们使出诡计，强迫他们劳动，报酬由富人决定。国王不能允许一部分人被另一部分人贪婪地摆布。”

到君主制末期，各种此类表述蜂拥而起，各政府部门之间争着这样做，对战双方总是把民众的苦难说成是对方的责任。其中一个例子是发生在1772年关于食品流通的大争论中。国王和图卢兹议会之间发生争吵，议会声称：“政府的错误政策，威胁着穷人的生存。”国王回击道：“议会的野心和富人的贪婪直接导致了民众的贫困。”双方就这样向民众头脑里灌输了一个思想：他们的苦难应该怪罪上面的人。在私人信件中从来都不曾发生此类事情，只有公文里才看得到，而政府和议会都着意印发成千上[illegible]

在做解释的时候，国王说了[illegible]相。有一次他说：“国库已经被历代国王挥霍空了，所以我的财政总是发生危机。我们许多不可或缺的领域也已经被廉价卖掉了。”

另一次，国王被迫理性而不谨慎地说，“工业行会，正是国王的贪财的产物。”他进一步说：“如果钱总是打水漂，农业税疯长得无法控制，究其原因，也只能怪罪财政部的管理者们。他们发现，增派税额是最便捷的路，所以增税成了他们解决财政危机的秘方，但副作用太大了，几乎其他的任何方式都不会给臣民带来这么重的负担。”

这些都是说给有教养的阶级听的，向某些相关利益个人证明，这些措施很有价值，不要反对。至于民众呢，国王当民众什么也没听见，因为他认为即使民众听到了也不会明白那些话是什么意思。

必须承认，即使那些拯救人民疾苦的善心里，也隐藏着对穷人的很大蔑视。这不禁让人想起夏特莱夫人。伏尔泰的秘书说：夏特莱夫人毫不介意在仆人面前一丝不挂，因为她并不认为仆人是人，所以更不用提是男人。

刚才我引用的危险言辞，没有出于路易十六及其大臣之口，就连其他特权者，也就是民众最仇恨的人，也没有说过类似的话。应当承认，法国上层阶级当时很关心穷人的境况，很久很久之后才知道害怕他们。他们关心公众的苦难，过了很久之后，才开始怀疑穷人是否会对自己不利，他们没想到，正是下层人民的疾苦会导致上层社会的灭亡。1789年之前的十年间，这种危险言论尤其突出。农民的处境，是当时上流社会谈论的日常话题，这同时也可以释放他们强烈的同情心。他们不断建议可行的方法来消除压在农民身上的罪恶，关注贫苦农民最关注的问题，财政和法律饱受到了强烈的谴责，因为财政政策是使他们困苦的主要原因。但是他们队伍里的新成员并不理解这种同情心，就像本章开头说的一样，他们“不闻不问”。

在1779年，召开了三级会议，先是在部分地区，然后扩展到整个法国。读一下那些会议纪录，研究一下那时的公文，你就会为文件的所展示出的人性所打动，同时也会对那种非常不谨慎的措辞感到吃惊。

1787年，下诺曼底省议会说：“国王挪用金钱修路，但这钱都是为了方便富人用的，对穷人毫无用处，这些都是为了使通向城堡的道路更加舒服，而忽略市镇或村庄的入口的道路。”还是在这个会上，贵族阶级和教士阶级，在描述了劳役制的罪恶之后，自发地捐献5万里弗尔修缮道路，“如此，”他们说，“本省内交通即可顺畅，而不用花费民众一分钱。”对特权阶级来说，如果废除服役制，而用一种各阶级都要缴纳的税来代替服役制，根本不用这么多钱。但是，在放弃因不平等税收带来的利益时，他们却执意保留享有特权，这就让穷人很不领情，而且更加痛恨这种不平等。他们抛弃了特权的有益部分，却保留了让人讨厌的那部分。

另一些省三级会议，完全由免纳农业税的人组成，他们一心计划继续免缴农业税，却用同样悲伤的色彩描绘着农业税强加在民众身上的痛苦。他们把这种税的恶行细心编织成了一幅骇人的素描，大量印制，广为传播。但奇怪的是，就在这些明显表示关心受压迫人的行为中，在这些大肆宣扬要带给民众幸福的行为中，却时时掺杂着一种对民众的蔑视。民众在唤起他们同情心的同时也激起了鄙视。

上基耶内省三级会议激烈地争取农民的利益，同时却说农民都是“无知粗俗的人，喜欢闹事，性格粗暴，不守规矩。”曾为民众做过不少好事的杜尔哥，措辞也与此类似。

像这样残酷的表达，在公共文件中常常出现，就连那些要发给农民的文件里也这么写。好像起草文件的那些人，虽然都是欧洲的法国人，却像生活在一个叫加里西亚的地方一样，在那里，上层阶级说的语言和下层阶级不同，下层阶级也听不懂上层阶级说的是什么。18世纪的封建法学家们，对小地主和一些债主通常都会表现出一种公正、温和，甚至温柔的态度，但偶尔提到农民，也会说出他们比较卑贱的这种粗俗的字眼。看来公[illegible]

快到1789年的时候，[illegible]

◎著名的维雅纳神父的饭桌

谨慎了。我手里有过一些1788年上半年几个省的三级会议致教区居民的通告，旨在征集他们不幸生活的细节。其中一份的签名包括一个教士、一个高级别贵族、三个中等贵族和一个资产者，他们都是议员，并以议会名义行事。该委员会指导各教区理事召集农民，询问他们对征税项的意见。通告说："我们意识到，大部分税项，尤其是贡税和农业税，对农民来说有灾难性的后果，但我们想要确定每种恶税的细节。"省议会的好奇心并没有就此打住，它想要知道教区里享受免税权的人数，不管他们是贵族、教士还是平民，他们的特权是哪些，他们有多少财产，他们是否住在自己的庄园里，教区有多少教会财产——还原当时的叫法，有多少"不可售卖的永久所有权土地"，这些土地值多少钱。这些问题还不能让他们满意，他们还要知道，假设均等纳税的话，免税者大概会负担多少，如农业税极其附加税、人头税、劳役税等。

这基本就是在自述其罪，有意刺激民众情绪，告诉农民写这篇文章人就是那些罪恶的始作俑者，通过告诉农民自己人数很少来鼓励农民的反抗情绪，这情绪溜进农民的内心深处燃起他们的贪欲、嫉妒和仇恨。这些人好像完全忘记了扎克雷起义、铅锤党人和十六人委员会，似乎忘记了法兰西民族的性格：平静时，他们天生是世界上最温柔、最和善的民族，一旦浸透狂热的激情，就会变成世界上最野蛮的种族。

可惜的是，我没有找全农民对这些谋杀性问题做出的答复，但还是找到了一些，管中窥豹，通过这一部分就足以了解整体精神了。

回复中，他们非常小心翼翼地写出了每个特权者的名字，写上他是贵族还是中产阶级。有的回复会偶尔详细描述该人，但无一例外地批判每个人的生活习惯。他们细致入微地计算他的财产值多少钱，详细描述他有几项特权，都是什么样子的特权，重点描述这些特权给村里人带来的损害。他们列举了他收了几斗小麦的租子，嫉妒地估量着他的收入。他们说这些钱全都归他自己所有，谁也甭想沾光！本堂神父的收入（人们称之为工资）太多了，他们痛苦地评论：教堂对所有的事情都要收费，穷人连埋葬都要交钱。至于税，所有的税项都不公平，都压迫人；没有一项有好评，每个词里都蕴含着能量，字里行间都是猛烈的抨击与全然暴怒。

他们说：“间接税很可恶，没有谁家没被收税员强行闯入过。在他们的手里和眼里没有任何东西是不可侵犯的。等级税逼得人没有活路。农业税收税员是个暴君，他的贪婪使他无所不用其极，折腾诚实的农民。押解[illegible]

这种调查不是大革命的预报，而且大革命的一部分，因为它说的是革命的语言，展现的是革命的特点。

16世纪的宗教革命和18世纪的法国大革命之间有很多不同点，其中一个尤其显眼。16世纪，大部分投身新宗教的贵族都出于野心或贪婪，而民众则相反，他们是出于信仰而拥戴它，并不指望有什么利益好处。但在18世纪，情况正好相反。无私的原则和慷慨的同情激发了上层阶级投身革命，人民则义愤填膺，满腔痛苦怨恨和暴怒，要改变自己的生活状况。上层阶级的热情，煽起大众的暴怒和贪欲之火，并最终从思想上武装好他们，来摧毁自己。

第23章 正是旧政府通过各种方式完成了对民众的革命教育

长期以来，政府一直努力向民众的头脑中灌输并不断加深革命的思想，这种革命思想是指：与个人权利和私有权相对立，并且好用暴力。

国王是个典范，因为他是蔑视古老而稳固制度的第一人。路易十五动摇旧制度、加速大革命的方式很多，他一边积极改革，一边作恶多端；他有时精力旺盛，有时懒散怠惰。当人们看到议会倒塌并消失，这个和王权一直都比肩存在，而且看上去几乎和王权一样牢不可摧的机构都土崩瓦解，人们自然而然地会推测（当然可能是个模糊的推测），现在是个暴力和冒险的时代，不需要尊重任何旧东西，追求任何新东西都不再是冒险。

路易十六在整个在位阶段，除了改革就没谈论过别的什么。大革命后来推翻的一切旧体制，没有几项是路易十六没有打算改革掉的。他把立法中几个最陈腐的制度废除掉了，但很快又重建了，虽然他想根除某些旧制度，却把摧毁的事留给别人了。

他对一些由来已久、古老的和人们所尊敬的一些习俗、制度进行了彻底、激烈的改革，同时也摧毁了一些特权。如此，他的改革给大革命铺平了道路，最大的意义不是因为它们推倒了会阻碍大革命的重重障碍，而是给人们做了一个示范，用实际行动告诉人们革命到底该怎么干。国王和枢密院的动机很单纯，很无私，但正因如此，其危害才更大，原因很简单，好心人用暴力去实现有益的目的，这样的榜样最容易[illegible]

[illegible]国所有的土地原本都是国家的，只是被有条件地出让给了个人，国家才是唯一真正的土地所有者，其他所有者都只是名义上的持有者，对土地没有完全的所有权，这种非完全所有权是不完整的所有权，而且很有争议性。这个理论产生于封建体系，但直到封建制度灭亡在即才在法国公开表达出来，法院则从来都不承认它。这种思想是法国现代社会主义的母亲，虽然听起来很怪，但确实植根于国王的皇权专制制度。

路易十四以后的两个朝代里，政府每年都努力用实际行动教导人民，让民众相信，对私有财产应持蔑视的态度。18世纪下半叶，政府突然对公共基础建设痴迷起来，毫不犹豫地占用了公共事业所需的所有土地，铲平了所有挡路的建筑。桥梁公路工程狂热地爱上了直线的几何魅力——那在当时已经和现在一样了。它绝对不会允许道路有一丁点儿弯曲，为了保持笔直，不打弯儿，道路穿过无数家园。这样遭到破坏会被夷平的土地，总是迟迟不能赔付，或者草草给点儿就行，而且常常一分都不给。

下诺曼底省议会从总督手里接管政府时发现，在过去的20年里，政府从来没有为占用的土地付过钱，在法国这个小小的一角，以这种形式欠下的债务已有25万里弗尔。被侵占土地的，没有几个是大土地所有者，因为土地当时已经非常分散，所以小土地所有者是主要受害人。在这里有一批人从自己的切身经历中学到了一个经验：当私人权利和公共利益相左时，私人权利毫无胜算。他们牢记这一原则，不太容易忘记，等待时机把它应

◎玛丽王后被控叛国和反革命活动罪时，默默承受。但当法庭指责她与自己的继子私通时，她慷慨陈词予以否认

用在别人身上，为自己谋利。

在很多教区，有些人会在逝世前遗赠一笔资金，可以用来支持慈善机构，在特定情况下帮助教区居民。在君主制后期，枢密院的命令，即政府的专断意志，让这些慈善机构全都关张大吉或者改变了性质。通常，村子的资金会被拿走去资助邻近的济贫院。但是，这时的济贫院也被改造了，济贫院设立的初衷被改变了，被用作了其他目的，而这新目的，任何一个济贫院创始人都是断然不会同意的。这个制度改革的故事还有下文。济贫院的财产自然大部分都是济贫院的，不可转让或售卖，但政府授权济贫院可以售卖自己的财产，价值估算可以上交国库，然后就可以从国库支取年金。政府官员说，这是为了更好地利用这些遗赠，

一种比遗赠者当初的打算要好得多的利用方式。但是他们忘了，教导人们学会侵犯活人权利的最好方式，就是不顾死者的意志。旧制度政府对已亡人表现出的这种明显的蔑视，是后来任何政府都望尘莫及的。旧制度政府从来没有以任何形式表示出过对死者的最后意愿的尊重，更没有费力去仿效英国人为了纪念死者，为了保全他们的尊严，他们会倾尽社[illegible]死者本人所感受不到的。

财产被强行征用，食品被强制出售，并规定偿付上限，这些都在旧制度的庇护下发生着。我还看到，在饥荒时期，官员会规定粮食出售的价格，而如果不去市场卖，就会处以罚金。

◎巴黎妇女也参加了革命。图中为巴黎妇女赶往凡尔赛宫，她们只想要两件东西：面包和玛丽·安图瓦内王后的头。她们回来的时候不仅带回了面粉，还擒获了国王全家

民众接受的最有害的一课，莫过于刑事法庭的司法程序。在与有钱有势的公民对抗时，穷人受到的保护比人们预料的要多得多，但是和国家打交道时，正如我在前面提到的那样，就得到一个特殊的法庭，在有偏见的法官面前申诉，司法程序非常快，而且虚伪，通常都是终审判决不得上诉，甚至出庭前就已经知道结果了。

“国王委派骑警队长及骑警队密切注意饥荒时期可能产生的各种骚乱和聚众闹事，命令他们当场听证和裁决案件，不得上诉，禁止所有普通法庭过问此类案件。”该枢密院命令在整个18世纪一直都有效。从骑警队的报告中可以看到，在这种情况下，警察会连夜包围涉嫌的村庄，天亮之前闯入民宅，不需任何证件，直接逮捕特定村民。这样被逮捕的人常常被长期监禁而不用庭审，但是敕令却说所有被告都必须在24小时内受审。和今天一样，这个条款既非正式条款，也不受人重视。

那个仁慈、稳固的政府就是这样教育人民：刑事诉讼法是最适应这个革命的时代、最适合于专制暴政的。它一直在这样给民众上课，日复一日，一直到最后一刻都在给低层阶级灌输这种极其危险的教育。杜尔哥在这方面也忠实仿效了他的前任。1775年，新食品运输法引起农村骚乱和议会强烈抗议时，他就搬出国王的敕令，剥夺了普通法院受理起义者的权力，把他们完全移交给了骑警队。敕令说：“骑警队司法制主要用于镇压暴民动乱，凡有需求，可当机立断，以儆效尤。”在这个敕令下，在其他教区旅行的农民，如果没有本教区理事或教区牧师签发的证明文件，随时可以被骑警队逮捕、惩罚和迫害，完全和盲流一个待遇。

诚然，18世纪君主制的形式很恐怖，但也有一些温和的处罚措施。它不是为了伤害人，而是为了恐吓；或者不如说，专横和暴力早就成了习惯，冷漠是帮凶，但是同时，它的本质却又非常温和。但是，现场司法在社会管理中的应用非常流行，刑罚大多很轻，但是刑罚越轻，它的罪恶和带来的痛苦就越容易被忘记。可以说，处罚的温和遮掩住了审判程序的冷酷。

根据我手里的证据，我敢断言，大革命后成立的革命政府，非常多的审判程序使用的都是君主制最后200年里一直用来对付下层人民的手段，这在旧制度档案中有无数的先例和榜样。旧制度为大革命准备了许多参考形式，大革命只是在旧制度天才式残暴的基础上更上一层楼罢了。

第24章
行政改革成了政治革命的先导

在政府形式改变之前，规范个人地位和政府行政事务的法律，大部分就已经被修改或完全废除了。

行会被摧毁，但很快有一部分又被恢复，虽然不是完全恢复，却足以彻底改变之前存在的工人和雇主的旧关系。这个新关系不仅和以前不同，而且充满了不确定性，受到多方面的限制。一方面，旧的统治权威——行会——不那么至高无上了；另一方面，国家监护也不是很稳定，工人在政府和行会之间左右为难，很尴尬，不知道该向哪一方寻求保护，或者更确切地说，不知道该向谁缴保护费。在这种茫然状态下，充满了不确定性，大城市的底层阶级突然被放到了这样一个尴尬的位置，于是他们开始为自己做主。最终自己登上政治舞台，这一历史时刻的到来带来了深远的政治影响。

大革命前一年，国王一道敕令废除了整个司法系统。旧法庭被全部撤销，新法庭不断设立，判断法官胜任能力的各种标准被彻底颠覆。之前提到过，法国法庭上听证和审判的人数量特别大。实际上，整个中产阶级都或多或少地和法庭有牵扯。所以，法律会影响甚至威胁到千家万户的谋生手段，他们的生活处境变得不稳定，到处充满了威胁。上诉也不方便了，要打官司时，人们很难找到自己的案子究竟适用于哪套法律，哪些法庭有权审理，于是申诉人就会陷入茫然。

但这不算什么。1787年政府实施的激进改革措施，把公共事务彻底扔进了的混乱的旋涡中，把麻烦带进了每个家庭，影响了他们生活的方方面面。

[illegible]中于一人之手，即总督，他的权力不受限制，独断专行。1787年出现了省议会，代替总督成了真正的统治者。每个村子里，民选的自治会代替了古老的教区议会，而且也基本取代了村里的理事。

新制度和原先的完全相反，这是一种彻底的颠覆，它不仅彻底颠覆处理事务的方法，还彻底改变了人和人之间的关系。新制度下，整个农村地区按照一个整齐划一的计划实施新制度，丝毫不顾及旧惯例和各省的特殊情况。这个即将被大革命消灭的旧政府，完全具备大革命要改革掉的集权精神。

我们可以清楚地看到，固有的旧习惯在政治制度中有何其重要的影响，不管它曾经多么复杂含混，用起那些老制度来，人们都能游刃有余，而新制度即使再简单也会非常不顺手。

旧制度下的法国，职位名目繁多。根据省份不同，同样一种职位，拥有哪些权力，这些权力又有多大，都是含混不清的，A权力与B权力之间的工作范围互相重叠或部分重叠。但是那时，人们好在已经确立了公共事务的处理方式，而且这种方式非常有序，也相对方便一些。新的职位系统虽然更加简洁，权力界限明确，并做到权力之间相得益彰，但刚一开始实施，就又互相抵触起来，甚至相互抵消，使整个系统陷入混乱，使各种职位的职能进入瘫痪状态。

而且，新体系有一个最大的缺点，但就这一个缺点，就足以使其举步维艰，尤其在刚开始的时候。它所设立的所有职位的职能，都是集体权力。

在旧君主制下，只有两种治理方式：一方面，由一人执行行政管理，那做出什么行为都不必召开议会；另一方面，如果议会掌权，比如在三级会议省或在城市里，那么执行权就不会委托给任何个人，议会不仅管理和控制行政，而且执法，不管是直接执法，还是任命一个临时委员会来执法。

一直以来，人们只习惯这两种治理方式，所以抛弃一种时就用另一种。最令人感到奇怪的是，在如此开明的法国社会中，长久以来政府都发挥着巨大的作用，但人们竟然从来没有想到过可以把两种方式结合起来，从来没有想到过是否可以拆开但不分解执行权和监督指导权，把他们设为两个部门，并在两者之间划出一条明线。这种思想很简单，但从来没人想到过，本世纪才有人开始想到这个问题，而且几乎可以说，在政治学领域，这是我们唯一值得骄傲的新发现。如果不划分执行部门和监督指导部分，且反其道而行，我们就能看到这样的后果：古老的行政方式应用于现代政治，遭人唾弃的旧制度还是伴随左右，污染现代新政治；适用于省三级会议制和城市自治制的方案计划却被国民大会所采用。从前把公共事务导入窘境的罪魁祸首，现在又跑来捣乱，这会产生政治恐怖。

总督一直都是自行管理各省，但在1787年，省议会突然被授权：全权取代总督，管理所有大小事务。它在中央政府的指导下，摊派和征收农业税，挑选和决定公共基础建设工程。省议会直辖公路桥梁工程的所有人员，从巡查员到监工。议会可以自行确定项目，向大臣汇报工作，并向大臣上报受赏人员的名单。议会突然接受了一省的监管权，比如对大部分案件进行听证，而这之前也是由总督等个人受理的。此外，还要处理一堆其他职能，这些职能很多都不适合以集体形式来处理，因为集体人多，互相推诿，尤其是当其成员们都对自己的职责还非常陌生的时候，所以经常会出现不负责任的情况。

接着，人们犯了另一个错误，使混乱达到顶峰。总督被剥夺了权力，但职位仍然存在。总督不再有专制权后，还要协助议会，监管其行为。初衷是什么呢？好像是让这个官员帮助执行新法律的精神，也就是把他从职位上赶下来的那种新精神。

人们也这样对待总督代理。在总督代理旁边，有一个区议会，区议会在省议会的领导下，根据同样的原则行事

说明，总督和省三级会议一开始就互相对立，公开对立或暗暗较劲儿。总督多年从政，更加老谋深算，总能挫败继任者的目的。一个省议会议员抱怨说，自己从总督手里夺取需要的文件时，胜利的可能性很小。或者总督会指责议会篡夺敕令授予他的权力。他会向财政大臣投诉，结果财政大臣不回复，或者回复得含含糊糊，因为他和所有其他人一样，对新上手的事物不太熟悉。有时，议会会判定总督渎职，因为经他手修建的道路方向不对或修缮不足，他会被指控使自己曾经监管的地区一片狼藉。议会议员们都缺少经验，每件事儿都弄不清楚，所以经常不能做出正确判断，只能求助远在他乡的上级议会，于是，急差不断来回奔走。奥赫省总督声称自己有权反对议会，于是授权一个区自行征税；省议会则回复说，在该问题上，总督只可提供意见，无权下令，同时派出信差征求法兰西总议会的意见。

这些尖锐的指责和意见交换，经常延误公务进程，甚至使公务完全停止。洛林省议会的话是其他许多省议会的镜子：“公事完全停滞，所有善良的公民均因此受害。”

另外一些情况则是，新政因为太过活跃和自给自足从而出现问题，议员们充满了躁动而沸腾的狂热，希望一笔下去，所有的旧方法瞬间统统作废，所有根深蒂固的罪恶在一天内全部纠正。他们以城市的守护天使自居，开始接手市政管理。总之一句话，他们的努力成功地把所有的一切都扔进了混乱之中。

现在我们可以考虑一下政府长期以来对法国社会的巨大影响，它影响了众多的社会利益收入，还有大量需要依靠政府的支持和帮助才能完成的事业。我们还可以考虑一下，要获得自己的生计，发展自己的产业，获得事业上的成功，个人在多大程度上必须依靠政府而不能全靠自己。开路和修路、维持人与人之间的秩序、保障人民福利等，这些更是要完全依靠政府才能完成。如果把这些都考虑进来，你就能计算出来，政府公务混乱会损害多少个人的切身利益啊。

新组织的罪恶在农村比城市显得尤为明显，在农村，它不仅打乱了旧有的权力划分，还突然改变了人和人之间的关系，使各个阶层的人们开始互相敌视。

1775年，杜尔哥向国王提议改革农村的管理制度，他碰到的最大困难是来自于课税的不平等，这是他自己说的。教区里最大的事就是税项的摊派、征收和使用了。怎么使那些人齐心协力，共同行动呢？尤其是村民们受到的压迫管制是不一样的，有些甚至完全免税。除了必须全额缴纳农业税的农民，每个教区还有完全免缴的贵族和教士，还有部分或全部免缴的农民。这就像三个截然分开的教区，每一个教区都需要一个单独的管理部门。困难到最后都没有解决。

整个法国范围内，农村的不公平课税最为明显，也没有任何其他地方的居民，像这里的居民一样被划分为完全不同和互相敌视的阶级。如果要一个自由的管理制度来整体地管理一个村子，那么首先必须使大家缴相同的税，缩小各个阶级和身份的人之间的差距。

而1787年的改革，却不是按这种计划进行的。教区里，旧的阶级分离被保留下来，主要是保留了分割各个阶级的主要手段，也就是不平等捐税；但是，整个社会管理却被委托给了民选的政治团体。这就直接带来了匪夷所思的结果。

教区牧师和领主，不能出席选举市政官员的议会，因为他们代表的是教士阶级和贵族阶级，而选举出来的官员，都是第三阶级的代表。

但市议会一旦选出，教区牧师和领主又会成为其成员，因为如果政府和教区里的主要居民和议会没有一点儿关系，这又是不太合理的。一般来说，领主会主持市议会，领导那些其他没有权利选举的议员，但是关于他们的大部分法案他又不能插手。再比如，当议会制订和摊派农业税时，教区牧师和领主都无权投票，因为他们都有免缴权。另一方面，议会无权干涉人头税，人头税继续由总督根据特定形式进行管理

[illegible]

谨小慎微地从中隔绝，因为人们认为他不应该在议会发挥任何作用，间接发挥影响也不行。如果要避免领主不以任何形式损害其他等级的利益呢？于是产生了这个提案：凡是在其领地内租用土地的佃农的投票都不能作数。该议案被提交给省议会，省议会认为这样做是非常公正的，完全符合公正的原则。教区的其他贵族都不能进入议会，除非是农民选举的，因为如果是严格根据法律选举出来的，他们就完全是第三等级的代表了。

领主出现在议会中，只是为了向他曾经的臣民表示自己已经服从新制度，而他曾经的臣民现在都是他的主人，所以，与其说领主是议会的首领，不如说他是议会的囚徒。确实，议会的主要目标，仿佛不是把各个阶级连在一起，而是要让他们更清楚彼此的差别到底多大，他们的利益到底对立到什么程度。

理事一职是否仍然那么不光彩，没人愿做，或者它是否随着村子地位的升高而提高了？毕竟理事是政府在村子里的主要代表。没人确切地知道答案。我看到一个村子的保安员在1788年写给财政大臣的信，抱怨自己竟然被选为理事。他义愤填膺地写道：“这侵犯了村镇保安的权利。”财政大臣对此人回信，说他需要纠正自己的观点：“一个人要明白，自己被同胞选举是件光荣的事，而且，新的理事职位，虽然还叫原来的名字，已经和之前的理事不同了，现在的理事因为是在替新政府做事，所以会得到更多的尊重。”

另一方面，当农民成为国家的一股新兴力量时，教区里的大居民，甚至贵族，统统立马转向开始拥护农民。巴黎附近一个村子的高级法官兼领主甚至抱怨说：国王的敕令禁止他参加教区议会，不把他当成一般的居民。而且议会认为："他们都可以为公共利益做出贡献，接受理事职位。"当然，其"他们"并不包括这位高级法官。

向农民靠拢的努力为时已晚。权贵阶级越是向农民靠拢，农民就越是却步步退避。当权贵阶级想努力和农民打成一片的时候，就像权贵阶级曾经孤立那些农民一样，农民也开始对他们玩起了孤立。有些教区议会拒绝接纳领主参加，有些则更吹毛求疵，不接受富裕的平民。下诺曼底省议会说："我们获悉，有些议会拒绝接纳居住在外地的地主，但是这些人绝对有权参加议会，还有几个议会甚至拒绝接纳这样的农民：虽然他们在本地区没有土地，但他们有钱。"

现在的各种原则都具有双重性，充满了新奇的创意，模棱两可又互相冲突。而且，我们还没有开始讨论规范国家政府运作的那些主要法律呢！旧法律已经被动摇，没有哪一种规章制度能够逃过要被政府废除或进行大改的命运。

大革命之前，是一场突如其来的、全面的大规模行政革命，要革新一切旧的行政规则和习惯。今天的人们很少记起这场革命，但在当时，它是有史以来这个伟大民族最大的动荡之一。这可以说是大革命的前奏革命，对大革命起到了巨大的影响，并远远超过了它之后的第二次革命，它也被看作是与之前所有革命和之后所有革命在意义上都完全不同的伟大事件。

第一次英国革命虽然推翻了政治结构，甚至一度废除了君主制，但它没有任何一个时期出现过这种双重法律，更没有丝毫改变英国的一贯的风俗和习惯。司法和行政依旧按照原来的形式进行，但也是殚精竭虑。据说在内战的高峰期，12个法官都在轮换进行他们每年两次的全国巡回裁判来保护之前的审判。所以，激愤并没有全面席卷社会的各个领域。革命影响的领域有限，英国社会的顶部动荡不安，但其基础却没有一丝摇晃。

1789年以来，我们看到法兰西经历了数次彻底改变整个政府结构的革命，大多来得很快，并以暴力为基础，公开破坏现存律法。但是，这些革命从来没有持续时间很长也没有造成大面积的混乱，而且有几次革命，大部分国民都还不知道，它就已经结束了。

究竟是什么原因呢？自1789年起，无论哪次政治抽搐，行政结构都没有被破坏过。[illegible]没有被打扰过。国家领袖变了，那些法律条例和准则的内容也是之前人们所熟悉的，所有涉及个人的事情，各种大事小事，都没有变。与他们打交道的那些官员依旧是那部分人，基本都没什么变化。大革命后的历次革命中，社会管理系统都被斩首，但躯体完好无损地活着；还是那些官员，从事着同样的职能，遵循同样的精神，拥有同样的习惯。他们换的只是政治体系：曾经以国王的名义，然后以共和国的名义，最后以皇帝的名义，进行司法和行政。然后，新一轮的命运又开始轮回，他们又开始为国王、为共和国、为皇帝司法和行政效力，人还是那些人，方式还是之前的方式，主人叫什么名字和他们又有什么关系呢？他们的工作是做优秀的行政官和法官，而不是做忠诚的臣民。所以，第一次大震荡过后，尽管又有数次革命，法国都似乎没有怎么再变过。

大革命爆发时，政府的各个部门早就被旧制度推翻了，虽然这些部门只是居于从属地位，却和每个个人的生活紧密相连，对个人切身利益的影响也是最大的。政府官员突然都换了人，原则也都变了。起初，法国并没有被这场横扫一切的大革命强烈地震撼到，但是，每个人都感受到了一种细微的震动。每个人都在某些方面发生了变化，要么是社会地位，要么是生活习惯，或者职业。虽然国家大事都在有秩序地进行着，但是在底层，在与每个人密切相关的国家小事中，已经没人知道该听谁，该找谁，该怎么办了。

既然国家的各个部分都失去了平衡，那么只消最后一击，整个国家就会动起来，从而带来了一场空前绝后的社会大动荡，社会陷入史无前例的可怕的混乱状态中。

第25章

大革命是在旧制度中自发形[illegible]

我想在结尾处做一个总结，把上面分别描述的若干特征归纳在一处，为旧制度描绘出一幅全景图，这样就可以清楚看到，大革命实际上是从旧制度中逐渐成长起来的，而没有其他的诱因或帮助。

法国保留了封建制度中有害的和能够激起民愤的所有因素，却完全抛弃了有益和有用的一切因素，而且法国是欧洲唯一一个这样的国家。人们想到这些就不会惊讶，为什么这场猛烈的革命，摧毁了整个欧洲的古老政体的革命，只会在法国爆发，而不是在其他国家了。

法国贵族阶级虽然失去了治国率民的古老政治权利，但贵族个人却保留且极大地提高了免税权和其他特权，所以成了一个封闭的二等阶级，逐渐地从贵族变成种姓，而且法国是欧洲唯一一个这样的国家。人们想到这些便会立刻明白，为什么贵族的特权会受到法国人民莫名的厌恶，为什么法国人民对民主的激情如此高涨直到现在仍未熄灭。

最后，贵族阶级对中产阶级视而不见，甚至与之脱离，失去了人民大众的感情，最终成了孤家寡人，贵族阶级表面是一支军队的领袖层，实际成了一群光杆司令，而且法国仍是欧洲唯一一个这样的国家。人们想到这些就会很容易明白，为什么存在了一千多年的贵族阶级会在一夜之间被推翻。

一方面，皇家政府废除了各省的自由，篡夺了法国四分之三地区的地方权利，把一切公共事务无论巨细都系于一身；另一方面，巴黎从国家的首都成为国家的主宰，甚至在意义上等同于整个国家，这是有必然的原因的。我展示的这两个事实，都是只有法国才有的特点，已经足以解释为什么这次暴动可以把经历了无数世纪大风大浪的君主制一举推翻了，为什么在君主制倒塌的前一天晚上革命者们还相信它简直就是坚不可摧的，所以只求改革不求革命。

政治生活在法国已经彻底消失很久了，个人完全丧失了参与公共事务的习惯，完全丧失了自主判断、研究民众运动甚至去理解本国人民的习惯，所以自然而然地，法国人一下子就陷入了一场可怕的革命，却根本不理解自己在干什么，那些最应该害怕革命的人冲在最前面，主动负责开辟和拓宽通向革命的道路。

因为不再有自由制度，所以不再有政治阶级，不再有活跃的政治团体和有组织的政党。自然而然地，领导舆论的责权曾一度消失，这责权一旦复活，就只能落在哲学家的肩头上了。这样，人们可以明白，为什么大革命并不是因为由某些具体的事件引发的，而是由抽象的原则和普遍的理论引导的；人们还可以明白，为什么革命者并没有攻击某些法律的某些条款，而是攻击整个法律体系，并要用作家们设想的新政府系统全面取代法国的旧制度。

教会是旧制度的一部分，所以是要被摧毁的对象，所以革命自然要同时推翻政权和宗教。而一旦摧毁了宗教，人的思想就摆脱了所有宗教信条、习俗和法律加在革命者思想上的束缚，他们的胆量和鲁莽必将前所未闻，不可估测。而认真研究过当时的国家状况的学者根本不难看到，当时没有哪种胆大的行为可以算作是莽撞而不可以去尝试，也没有哪种暴力可以算作是疯狂的举动而不可以去做。

“什么？”伯克在一本雄辩的政治宣传册中大叫，“竟然找不到人为村庄负责，竟然找不到人为自己的邻居负责！人们在自己家里待着都不安全，被保皇党、温和主义者或别的什么东西逮捕时都不会反抗！”伯克不知道王权统治结束后整个国家会走向何方，所以君主制倒塌后，他为法国人的处境感到深深的不安。旧政府早就剥夺了法国人互相帮助的愿望和可能性，所以当革命突然到来时，整个法国也找不到一个进行自卫的十人团

落入不负责任的最高议会之手，温和就让位于凶残，再也没有什么东西可以延误或阻拦权力的肆虐了。使君主制瞬间崩塌的原因，正是革命后一切现象的原因。

宗教宽容、治理开明、人道主义和仁慈之心，在18世纪受到史无前

◎路易十六及其家眷被囚禁于Tileries宫后，曾化装成仆人逃跑，这是他们一家再次被捕时的移交过程

例的宣扬，人们彻底地相信这是世间的真理。这些是18世纪的法国认为绝对正确的理论。作为暴力最后的栖息地——战争精神被极大地限制住了，能量缓和了很多。然而正是这个如此温和的社会的内部，竟要爆发一场最不人道的革命！但是法国18世纪的温和并不是假象，因为革命的第一波怒火刚刚消失，法律和政治制度的精神枷锁也就随之软化了，缓和了。

仁慈理论和暴力行为之间的落差，其实不难理解，只要记得革命的发动者和实施者不同就可以了。为革命做准备的是这个民族最有教养的三个阶级，实施它的是最粗野和莽撞的底层人民；前者没有互相联合的纽带，没有相互理解的习惯，没有控制民众的能力，所以，当旧权威被打倒的瞬间，后者立刻接管了掌控整件事的方向盘。在民众不能亲自统治的地方，也至少也会把自己的精神传达给那里的政府，在思想上感化他们。而且，看一眼他们在旧制度下的生活方式，就能确切地知道他们将来会怎么样了。

法国人民的独特处境赋予他们很多罕见的美德。人民早就获得自由，拥有土地，对自己的独立甚至孤立的生活泰然处之；他们因劳作而坚强，不在乎生活的享乐，面对大不幸可以坚强，面对危险可以临危不乱。这个淳朴、刚毅的阶层简直成了一个新的人种，正是他们将组成一支强大的军队，让整个欧洲都为之低头，但是也正因这些性格使他们成为危险的主人。几个世纪以来，人民独自承受种种滥权的践踏，过着独立但隔离的生活，默默地思考自己的不公、渴望和仇恨，严酷的命运让他们变得冷酷，可以承受任何苦难，也可以被施加任何迫害。

这就是获得统治权的法国人民，也是在革命后继续革命工作的法国人民。他们在书里找到理论，理论付诸实践，并改造作家们的思想来迎合自己的狂暴行动。

仔细研究过法国18世纪的学者们，可能已经从前面几章看到了法国人产生并培养了两种主要的激情，它们是不同时代的产物，而且不总是指向

◎七月革命

法国七月革命，是1830年欧洲革命浪潮的序曲，因为波旁王室的专制统治令经历过大革命的法国人民难以忍受，以致群众奋起反抗国王查理十世的统治。

同一个方向。

其中一种激情是面对不公而产生强烈而不可遏制的仇恨，它更深、更牢固地扎根在法国人民心中。这种仇恨在明显的不公面前得到激发和升华，它力量稳定而不可遏制，驱赶着法国人彻底摧毁中世纪的制度，不留一点儿残孽。这样，旧社会的废墟上建立起一个符合人性的、人人相似、地位平等的社会。

第二种激情产生的年代较晚，扎根也不那么牢固，但它促使法国人民在平等的基础上寻求自由。

旧制度末期，这两种激情同样真切，鲜明而活跃。革命开始时两种激情相撞并合为一种激情，激情的大火熊熊燃烧，点燃了整个法国心脏。无疑，1789年是个缺乏经验的年代，但它也是个慷慨、热情、刚毅、雄浑的年代，一个会被永远记住的年代，即使当日睹和经历过这个年代的人们不在了，后世的人们也都会一直回顾它，带着赞美之心，怀着尊敬之意。我们正是那个年代的后世之人，踏着他们的脚步前行的人。那时的法国人对自己和自己的事业感到自豪，并完全相信他们可以同时拥有自由和平等。于是，他们在欧洲的普遍专制中，种下了第一棵自由制度之树。他们摧毁了那些把人分成不同阶级、种姓、行会的旧法律。但他们并不满意，所以一举作废了所有王权新创的法律，正是这些法律赋予不同地位的人不公平的权利，这些法律剥夺了民族控制自己的能力，并给全体法国人设立了一个政府做他们的监护人和导师，必要时也充当压迫者。最终，中央集权随着旧王权专制一起消失了。

但是，发动革命的那斗志昂扬的一代消逝了，或者说被挫伤了锐气——而发动类似事件的人身上总是发生同样事情。而且，随着事件的自然发展，当对自由的热爱被暴民统治并受到无政府状态挫败而无还击之力时，手足无措的国家便会开始寻找一个主人，为专制政府的重建提供无数方便条件。那位伟大的天才一眼就发现了机会，注定成为大革命的继承者，同时又是大革命的摧毁者。

事实上，旧制度已经包含现代制度的主体。这些制度不与平等敌对，所以容易在新社会中应用，但是，同时也为专制提供了很多方便。人们在旧制度的废墟中找到了它们。本来，这些制度催生了各种习惯、激情和思想，可以分化人和奴役人。现在，它们复苏了，并继续工作。人们把中央集权制从坟墓里挖出来，重新确立；在重新确立中央集权制的同时，那些曾经用来限制它和制约它的东西却没有被恢复，所以，从刚刚推翻王权[illegible][illegible]事业非常大胆，但却史无前例地成功，因为人们只看到了眼前的事物，忘记了历史。暴君倒下了，但他工作中最本质的东西留下了；他的政府结束了，但他的行政系统活了下来。从那之后，人们多次要推翻专制政府，但一次又一次，自由的头颅都被安在奴役的躯干上，所以总是不能成功。

大革命过去的这些年里，对自由的激情多次熄灭，又多次点燃。这种情况将会一次次轮回，因为在现阶段，人们渴望自由但缺乏经验，不知道如何管理自己的激情，很容易就会沮丧、被吓退、被征服，对自由的渴望停留在肤浅层面，很容易消退。但是同时，对平等的渴望却一直不会消失，它当初曾触动无数人的心灵，现在则在心灵最深处留着自己的位置，和我们最珍贵的情感紧密相连。

对自由的激情并不是恒定的，不同的事件不断地出现，它也随之不断地变化，或增或减，或强或弱。而对平等的激情则始终如一，带着执着甚至盲目的热情，奋力冲向目标，随时准备付出任何代价。只要一个政府可以提供平等，那么作为报答，人们可以为政府培养习惯，养成思想和制定法律来满足它的专制。

只考察大革命不足以充分理解它，那些不考察大革命之外的事情的人，会完全看不透它，它就是一片漆黑。革命之前的各个时代可以提供照亮它的灯光。不能清楚地看清旧社会，不能看清旧社会的法律、错误、偏见、苦难，以及它的伟大，就不能理解在旧社会衰亡以来的60年间里法国人的行为。甚至，只知道这些都不够，如果人们不熟悉法国历史，不深入了解法国人的民族性格，也会让人琢磨不透。

当我剖析这个民族，我发现法兰西民族存在的本身就是历史上最了不起的存在，比任何历史事件都更了不起。它充满了反差，还喜欢采取极端行动；它不以原则为基础，而是跟着感觉走。它总比人们预料的要好一些或坏一些，偶尔低于人类平均水准，有时远远超过一般水平。它的主要特征一直没变，看一眼人们两三千年前给它勾勒的肖像，你就知道那是它；而另一方面，它的思想和品位似乎每天都诡异地变来变去，以至于到最后，它变成了一个自己都解不开的谜，而且看到自己刚刚做的事情，它会像看到陌生人的所作所为时一样吃惊。它天生喜欢因循守旧和故步自封，但是一旦被人强行逼着必须采用新习惯，它就敢冒任何风险，违反任何原则；它天生桀骜不驯，如果让它选专制暴君的统治，还是一个由公民代表管理的、正规、自由的政府，它可能更喜欢前者。它今天态度坚定，仇视任何形式的服从，明天又激情澎湃地要做奴隶，使本性为奴的民族都望尘莫及。第一句反抗的话没被人说出来之前，一根线就能牵引整个社会，一旦开始出现真正意义上的反叛，它就会立刻陷入无政府状态；所以国王总会受骗，主人不是害怕顾及的太多，就是害怕的不够多。它从来没有自由到无法镇压，也从未被奴化到无力打碎桎梏。它有能力追求任何事业，但最擅长打仗。它喜欢运气、武力、成功、面子和马屁，而不是真正的光荣。它充满英雄主义，而不是美德，它有的是天才，而不是常识。它擅长做庞大的全盘规划，却不擅长完成这些伟大的事业。它是整个欧洲最危险也是最光辉灿烂的民族，它还是最能同时激发赞美和憎恨、恐惧和同情的民族，只是从来不让人小瞧或瞧不见。

只有这个民族才能产生一场如此突然、如此激进的革命，一路摧枯拉朽，又不断步步走错，充满了互相抵触、互相矛盾的事件。而没有前文所述的那些原因，法国人可发动不了这场革命。但是，我必须承认，所有那些原因之和，也不是导致法国大革命的全部原因。

于是，我就来到了这场值得纪念的革命的门槛前。[①]但我不想现在就跨过去，也许不久我就能这样做了。到时，我将不再研究法国大革命的原因，而是研究革命本身，并评判革命催生的社会。

① 此处预示这篇论文有第三本书，但托克维尔未能完成它。——译者注

◎法国大革命全景一角

法国大革命是世界近代史上规模最大、最彻底的资产阶级革命。它摧毁了法国封建专制统治，传播了资产阶级自由民主的进步思想，对世界历史的发展有着巨大影响。

附录1

我不想在这里罗列大革命前各个三级会议省的细节，我只想说这些细节特别多，而且省份不同，具体情况也五花八门，比如它们和王权政府的关系不同，开始脱离革命的时间也不同。这里用朗格多克一省作为例子，因为其他各省都和它都大同小异。

法国那时的大部分省已经成了“州”，也就是说，本地政府由三级会议——当时的一种风尚——治理，也就是由教士、贵族和资产阶级组成的议会共同治理。在德意志的诸邦国中，许多州一直到法国大革命时期才消失，其他地方也是在17、18世纪才消失的。在长达200多年的时间里，德意志的君主们都一致将其视为敌人，处处和它作对，时而公开，时而转入地下，但从来没有终止过。德意志的君主们从来没有去改造它并促进时代的发展，而是利用一切机会摧毁它，如果摧毁不了，那就污蔑它。

1789年，法国只有五个大省和几个不太重要的小省是州制，而真正拥有自由的，只有两个省：布列塔尼和朗格多克。其他各省，已经没有三级会议之实，只剩虚名罢了。

我要专门研究朗格多克，并多说一点儿。

在三级会议各省中，朗格多克是面积最大、人口最多的省份，它有2000多个社区，或用当时的说法叫“共同体”，居民近200万。而且，除了最大，它还是最有秩序、最富庶的三级会议省。所以，通过仔细研究朗格多克，我们就能明白旧制度下的省自由是个什么样子的，以及在这个省自由最旺盛的地方，这种自由又是如何从属于王政的。

在朗格多克，未经国王批示，不得召开三级会议，国王会将请柬发给每个成员，只有这样他才能参会。所以，当时一个不满者评价说：“在三级会议的三个集团中，教士阶级是由主教组成的，因为主教都是他任命的，整个教士阶级都是他供养的。另外两个位置也好不到哪儿去，因为只要不发给他请柬，他就不能参加会议，完全不需要想方设法流放他或让他官司缠身而不能出席。”

三级会议不仅要根据国王旨意按时召开，也必须由国王安排按时解散。枢密院一般规定其为期40天。国王会派代表团出席，负责代表国王，只要愿意随时都可参会。三级会议的权力极其有限，它无权做出重大决定，无权决定任何财政法案，除非得到枢密院的批准。每项捐税、贷款、刑事诉讼，都必须经国王特批。所有的规章制度，甚至包括会议座位次序，都要经过国王批准，否则无效。它的收入和支出，也就是我们今天所说的“预算”，也都同样被控制。

朗格多克之外的其他省份的政治权利也同样被政府控制着。政府对朗格多克制定的总章程和采取的各种措施，在其他省同样适用。王权行使着政府的自然职能，而且经常创造一堆官职，由各省高价购买。

和其他省一样，朗格多克被一位总督统治，而总督在各区都有总督代理，总督代理和各区共同体的头领交往，并指导他们。总督监管公共事务，像在财政区省完全一样。被塞文山脉峡谷掩映的最小的村庄，如果没有巴黎枢密院的命令予以准许，也无权花一分钱。今天被称作民事诉讼部的司法部门，其构成比欧洲其他任何地方都更加繁冗。总督初审所有路政纠纷，并裁决几乎所有和政府有关或他认为和政府有关的诉讼案。在朗格多克，政府官员同样受到保护，被欺压的那些公民如果起诉他，是不予受理的。

那么，朗格多克和其他省有什么不同呢？为什么邻居们都对它羡慕嫉[illegible]

首先，它有一个由重要人物组成的议会，人民信任他们，国王也尊重他们。任何政府官员，或当时称“国王的办事员”，均不参会，议会每年自由而严肃地讨论本省事务。政府的特权仍在，但由于这里是各方智慧的汇聚地，所以王权即使要干涉也很谨小慎微，不那么严格。尽管各代表和会议的总体倾向和别处相同，却产生了和别处不同的结果。

其次，朗格多克有很多公共工程，由国王或国王代理全额出资兴办；还有一些工程由国王提供部分资助，并由王室领导；当然，大部分工程还是本省独资做的。国王一旦批准工程规划和费用支出，三级会议便任命官员负责监督施工。

再次，朗格多克有权按照自己的意愿自行征收部分王家税和自己需要的其他税项。

现在，我们来看看朗格多克是如何使用这些特权的，这很值得仔细探究。

财政区最令人称奇的是，几乎没有地方税。全国的统一税常常很繁重，而各省却不能为自己的建设花很多钱。相反，朗格多克每年用于省内公共工程的金额很大，1780年高达700多万里弗尔。

中央政府偶尔对如此庞大的开支感到震惊，于是担心朗格多克会耗干本省，无法缴纳皇粮。它指责三级会议缺乏节制。我读过一份三级会议回复此类批评的奏折。我摘录了一部分，这很好地描绘出这个小小政府的精神基础，看了这些文本，比我耗费唇舌解释要有效得多。

该奏折副本中承认，朗格多克确实实施过且正在实施许多庞大的工程，但是并不想请求原谅，而是宣布，如果国王不反对，本省将继续沿着这条路走下去。朗格多克已经改进或修复了跨越全省的河道，并正忙于延长路易十四时开凿但已不够用的勃艮第运河，它穿越下朗格多克，经由塞特和阿格德，直通罗讷河（隆河）。朗格多克已经改造塞特港可为商用，并以重金维持。奏折表明，这些开支是为了国家考虑，而不是本省，但是朗格多克会比其他省获益更多，所以才由本省负担花费。朗格多克还在排干艾格—莫特斯沼泽，可供农耕所用。朗格多克已经打通和修复全省通往各个邻省的大道，甚至省内各市和各村镇之间的小路也已经修好。那些路即使在冬天也非常完美，和邻省形成鲜明对比，比如多菲内、凯尔西、波尔多（特别指明这是财政区）那些崎岖、颠簸、维修不善的道路。在这点上奏折引用了旅行者和商人们的评论。它确实有充足的理由这么说，因为一年后游历此地的亚瑟·杨格写道：“朗格多克，三级会议省，不但路修得好，还未动用劳役修建。”

奏章继续说，如果国王恩准，三个等级还会做更多有意义的事情，它们会进一步改善教区内的乡间小路，而这种路和其他大路一样有益。“因为，如果粮食不能从粮仓运到市场，就无法运到远方。”而且，“在公共工程问题上，各省的一贯的信条是，重视用途而不是花费。”河道、运河、道路可以给粮食和工业产品增加价值，任何季节都可以低价运往市场，这样商业就会遍布全省，花费大，但收益更大。而且，如果在全省有节制地、统一地施行此类工程，可以稳定劳动的工资，雇佣穷人。奏折进一步自豪地说：“国王无须向朗格多克拨款以创建慈善工场，就像在法国其他地方所做的那样。我们不祈求这份恩典，因为本省自己实施的利民工程需要大量劳工，可以代替慈善工场。”

朗格多克三级会议有自己可以控制的行政领域，而就是在这些领域的政策，经国王审批，充满了智慧、公平和温和的特点，我越研究这部分就越觉得，地方政府因地制宜的政策，远胜国王亲自管理各省的政策。

朗格多克省被划分为若干社区，也就是村镇；也被划分为若干行政区域，时称“主教区”；还被分为三个大部分，称为“司法总辖区”。这些部分中，每个行政区都有各自的代表在议会，都有自己独立的政府，由省三级会议或国王领导。如果某公共工程只和一个地方有关，则提交审议后地方自行实施即可。如果社区提出的公共工程对主教区也有益，主教教区也应承担部分资金；如果司法总辖区也受益，那它也应该提供资助。最[illegible]即使该工程只使这一个社区受益，但只要该工程是必需的，而又无法靠自己的力量完成的，大家都有义务提供帮助。因为三级会议省经常说：“我们体制的根本原则，就是本省的各部分是紧密相连、互相依赖的，有责任为彼此的进步提供帮助。”

由省实施的工程必须细致规划，并需要所有相关下级机关同意。所需劳工必须现金支付，不得使用劳役。前面提过，在财政区内征做公用的土地，补偿往往很低或迟迟得不到补偿，或根本得不到补偿。1787年的省三级会议里这种事情是人们抱怨声最多的事情之一。有些人甚至说：由霸占土地而未赔付的款项，数额大得根本无法估算，因为土地在没有被估价之前就已经被摧毁或改建了，业主被剥夺了讨价还价的依据。在朗格多克，每一寸被征土地都必须在动工前提前估价，在工程动工一年内偿清欠款。

朗格多克省有关公共工程的制度体系太完美了，中央政府虽然没有仿效，却表示了高度的赞扬。枢密院批准施行，并把这套规章交给皇室印刷厂印刷，作为文件下发各省总督，以资学习参考。

针对公共工程所说的一切，在很大程度上同样适用于朗格多克另一个同等重要的行政部门——省税务部。关于税收制度，先看看国王颁布的制度，再看看朗格多克省的制度，你就会觉得那不是一个国家。

我在别处提及，朗格多克分派和征收农业税的系统，和今天应用的征税系统有一部分是完全重合的，这里就不再多说了。我只想另加一句，朗格多克省十分相信自己的方法优于国王的方法，所以每次国王设立新税项，三级会议都要付出重金买下征税权，用自己的方式、由自己的官员去征收。

虽然我列举了很多巨大的开支项目，但朗格多克的财政状况却一直很富庶，省政府信用相当良好，所以，有时中央政府也不得不有求于它：国王需要借用朗格多克省的名义贷款，这样利息率就会大大降低。我发现，在王权存在的最后几年里，以朗格多克省的名义的借款——实际是国王所使用的——高达7320万里弗尔。

政府看着这些省所拥有的自由权，十分眼红。黎塞留第一个破坏这些自由权，并最终废除。懦弱而懒惰的路易十三什么也不喜欢，对这些自由则深恶痛绝。布兰维利埃[①]说，一提到这个话题国王就怒火冲天。孱弱的灵魂，憎恨起事物来是如此有能量，而所有费脑子的事情都让他们憎恨。这样的灵魂由于脆弱，所以要把剩余的能量集中，以显得他们是强壮的，所以他恨起来十分努力，也很有力。幸好，路易十四初政，便恢复了朗格多克的旧宪章。路易十四把它看作自己的业绩，并十分珍视。路易十五把它暂停几年后，又被迫让它复活了，并因为被迫做这件事而一直苦恼，念念不忘。

设立市政官员会间接威胁到省级管理，而且威胁很大。市政官员制很讨厌，不仅有摧毁城市体制的倾向，还改变了省体制。我不知道各省的三级会议里，是否真的曾经有过，但因为能代表第三阶级所以被选为代表。我查阅到的跨越很长一段历史的所有文献里，情况都不是这样的。有法定资格代表第三阶级和民众参与议会的，只有城市里的市政官员。

只要由城市全民自由选举出的市政官，通常任期较短，也就不会产生这种不妥的事实：这些市民代表都是带着特殊职责被任命的，只代表自己小集团的利益并在关键时刻据理力争。也许市长、议员或行会理事才是居民意志的忠诚代表，就像当选时的公开表态一样。但是人们马上就能

① 布兰维利埃侯爵，1766年前最后一届巴黎市长。——译者注

明白，既然市长、议员或行会理事的职位都是小集团凑钱或自己花钱买来的，那他们就不可能代表自己。所以他们只代表自己，或至多代表他的小集团的小利益和小情感。但是，买来的职位也可以享用民选市政官员的所有权利。这样，整个制度的性质就立刻发生了改变：他们不是民众的坚实代表，在各省三级会议中，贵族和教士的竞争对手，只代表一撮孤立、懦弱、对社会无益的大资产者，于是第三等级在社会领域越来越壮大，在政

[illegible]

但是，这不是朗格多克省的情况，虽然国王总是在设置更多的官职并出售，但朗格多克省总是小心翼翼地把所有的官职都包下来，并使之作废。为此目的，单1773年一年就曾贷款400多万里弗尔。

还有一些其他更有力的原因，使现代精神渗透到旧制度中，使朗格多克三级会议的优越性远超其他各省，它的地位绝对优越，无可辩驳。

朗格多克省和南方大部分地区一样，农业税根据土地征税，而不是对人征税。也就是说，根据土地的价值，而不是个人的财产价值。当然，有些土地有农业税的豁免权。一方面，这些土地曾为贵族所有，但是现在时过境迁，工业进步，其中一部分已落入平民手中；另一方面，贵族开始拥有许多需要缴纳农业税的土地。这样的免税特权，本就荒唐，从人转到物上，荒唐只不过变了个形式，所以无疑更荒唐了，但负担却小了；虽然还是很不方便，但已经不再带有侮辱性。免税特权不再绑定在一个阶级上，不再制造阶级利益分配不均，不再引起大众的敌视，为所有阶级共同管理政府事务清除了障碍。实际上，在朗格多克，各阶级的自由融合度更高，所以，在这个省里，人民的平等就有了稳定的立足之地，这是为其他各省所望尘莫及的。

在布列塔尼省，名门望族都有权出席三级会议，有点儿像波兰议会。但在朗格多克，贵族只能派代表参加三级会议，23个贵族席位便代表了贵族阶级，同样，23个主教代表了教士阶级，尤其应当指出的是，各市代表名额是两者之和。

只有一个会议说了算，而且计票不依等级，而是算人头，所以第三等级很自然就占据了头把交椅，并慢慢地把自己的精神渗透给了整个三级会议。主持会议工作的三个会议总理事，负责开会的整体安排，而总理事一般是法律界人士，也就是说，都是平民。贵族有力量维持自己的地位，却无力统治。而教士呢，虽然要讨好贵族，却非常理解第三等级，对第三等级的各种计划充满极大的兴趣，他们和第三等级步调一致，努力促进公民的物质繁荣，发展工商业，并经常用奇特的技术和对人性的广泛认识为第三等级服务。要派代表前往凡尔赛宫和大臣们探讨问题时，选派去和王权斡旋的正是教士，在有争议的问题上为三级会议争取权利。可以说，在整个18世纪，朗格多克都是由资产阶级统治的，在贵族名义上的控制下，在教士实质性的帮助中。

多亏朗格多克这种特殊的政体，新时代的精神平稳顺利地渗入到旧制度中，尽管做了很多改变，却没有摧毁任何东西。

所有的地方本来都可以如此的。君主们为了扩展和维持王权，努力破坏和废除省三级会议，做出不少艰苦的努力，如果把这些精力省下来用以满足现代文明之需，那么所有省份就都可以像朗格多克一样发展和改善了。

附录2

第一部分

法国对今天人类命运的影响是有益还是有害？只有未来知道。但是，谁也无法否认这种影响的确存在过，而且至今仍然很大。

如果探究法国人是如何通过武力、文字和榜样引起这些大变化的，那么人们会发现在诸多原因中，下面这个原因是最重要的一个：几百年来，所有欧洲古老国家都在默默地摧毁着国内的不平等现象。法国人在自己国家中掀起了革命，但革命在欧洲他国却步履艰难。法国第一个清晰地看到了革命的意图，而他国只在犹豫不决的探索中感到这种要求的存在。法国随手摘取500年来流行于世的思想精粹，在欧洲大陆上首创了革命这门新科学，而其邻国历尽千辛万苦，则只得到了这门科学的枝叶。法国人敢说别人只敢想的东西，敢现在就实施别人还在模糊的远景中梦幻的措施。

封建欧洲长期被分割成几千个各种主权国家。每个国家，甚至每个城市，都互相隔绝，它们各行其是，做事的方法和看事的观点都不相同，人们并不是因为这些行为和观点的合理性或公正性而选择它们，只是因为他们习惯了这一切而已。

中世纪末呈现出一片混乱，各国看着对方，互相渗透，互相了解和模仿。每个民族都不再相信自己多年形成的特殊制度，而在邻国也没有看到更完美的制度。于是自然出现了一种设想——是否可以出现一套共同的制度，既非本国的，也非外国的，且适用性非常强。

当他国人民仍在犹疑，刚开始想摆脱旧轨道的束缚时，法国人便一举割断与往昔的联系，他们踏碎旧习俗，丢掉古风尚，摆脱家庭传统、阶级偏见、地域精神、民族成见和信仰的统治，宣布真理只有一个，不随时空而改变，真理是绝对的，而绝非相对的，必须向事物深处不拘形式地去寻找，并认为每个人都能发现真理，而且应该实践真理。

人们常把法国思想产生的影响作为议题，这是不对的。毕竟法国思想的力量是有限的。但我敢说，人们是从普遍的角度，也就是从人的角度，去理解这些思想的。法国人的力量更大，是因为他们使用的哲学的方法不同，而不是他们的哲学本身；法国人努力运用哲学的方式不同，而不是哲学本身。法国人是第一个敢于大力使用这种方法的民族。虽然法国哲学只适用于法国人，但法国人的方法可以作为一种工具，被所有破坏之手使用。

所以，法国只在政治革命和哲学革命中居于首位，至于民族革命与思想革命，法国从来没有做过。

从中可以看出法国哲学的鼓动力。法国的主要力量并不在于它在法国发现了力量，而在于在它鼓动起人们的力量。它的行为像罗马一样：带着外国人去打外国人。法国并未散布革命的种子，它只是培育种子；它不是创世的上帝，而是破晓的曙光。

50年来，几乎所有欧洲他国都或多或少地受到法国革命的影响，大多数受到影响后却不知道自己受到了影响。它们听由某种力量的推动，却不知道那动力是什么。踏遍法国邻国的观察家们不难发现，法国邻国的很多事件、风俗习惯和思想都是法国大革命的直接或间接产物，但他们同时也发现，就在这些地方，人们对大革命产生的原因和它在法国的结果居然一无所知。从来没有一个国家能对邻国产生这么大的影响还不被邻国理解[illegible]

这两个西方大国20年来和平相处，有过很多重要的交流。许多习惯成为两国人民共有的习惯，许多观点也互相渗透。比如，法国人从英国法律中吸取了宪政自由和法律秩序的理念和思想，英国的若干民主习惯和英国人宣扬的公民平等的大部分理论，也都来自法国。

但是，这两个民族天性上截然不同，他们虽然不再相互仇视，却仍然不能相互理解；虽然相互学习，却仍然不能互相沟通。英国人游遍法国，每日东西南北无处不到，但大多都不理解那里发生了什么，而伦敦人读到有关东西印度的事情的详细记载印刷品后，就大体能了解生活在地球另一端的人们的社会政治状况了。英国人对法国的各种制度只能肤浅理解，对法国盛行的思想、偏见、习俗，和法国发生的变化都一知半解。英国人不知道法国的党派划分、居民类别和利益分歧，即使懂一点儿，也是道听途说。英国抱着一种比完全无知更有害的一知半解，丝毫不想完全理解法国人。

正因如此，这两个民族就像在阴暗中摸索，在微光下互相窥视，仿佛英美之间的共同之处，一切都是无意的巧合。这些信件绝不是要详细介绍法国的情况，如果抱着这个目的阅读，恐怕一辈子都达不到目的。我向自己提出的唯一目的，就是把一些重要的问题说明白，说明白了这些问题，就一定能顺利地引导善于思考的英国人了解其他所有的问题。

一些无形的锁链把一个世纪的思想与前一个世纪的思想相连，而这些无形的锁链似乎无所不能，把子辈的志趣和父辈的爱好捆在一起。无论一代人如何与前代决裂，但和父辈作战容易，与他们截然相反却是很难做到的。所以，要讨论一个时期的民族，而不讲它半个世纪以前的样子，是不行的，特别是讨论法国时，这个50年里一直不断革命中的民族，这一点是尤为重要的。有些外国人喜欢道听途说而不愿仔细了解法国，即使他们知道法国人经受了连续的变革，知道法国发生了重大的变化，也根本不知道在如此漫长的变化中，那些旧的习惯、风俗和制度，哪些已被抛弃，哪些得以保留。

我的第一部分的写作目的，是解释1789年大革命前的法国状况，少了这些介绍是很难理解法国现状的。

旧君主制末期，法国教会呈现出的某些特点，和今天英国国教经历的情况非常相似，路易十四取缔了所有大型的非官方宗教组织，解散或压低了所有宗教团体，教士貌似还有独立地位，但是，实际上却只剩下一个外壳。只不过教士保留了举行年会的制度，可以在会上自行制定税收原则；教士还占有王国巨大的土地，并想方设法渗透到政府机关谋职。虽然教会依然服从天主教的主要理念，但对罗马教廷的态度，则决绝且近乎敌对。

路易十四对待宗教的态度，沿袭了他统治下的所有行为中一贯表现的同一专制倾向，使法国教士脱离了自己的精神导师，同时让他们保留财富和势力。他觉得自己将永远都能主宰教会，并亲自选定教会首脑，认为一个强大的教会对自己有利，因为教会强大了，就能够帮助自己统治人民的精神，和他一起对抗指手画脚的教皇。

路易十四统治下的法国教会，既是宗教机构，又是政治机构。从他驾崩到法国大革命期间，信仰逐渐衰弱，教士和人民逐渐疏远。引起这个变化的其他原因还有很多，此处不便一一列举了。18世纪末，法国教会仍然拥有很多财产，仍然参与所有国家事务，但全体居民的思想正全面摆脱教会，慢慢地，教会越来越不像宗教机构，而更多地成了政治机构。

今天的英国人理解起当时的法国贵族来，并不是容易的事。英语中没有词和noblesse（法国贵族）这一法国旧概念精确对等，nobility（贵族）的含义高于法国noblesse（贵族），而gentry（绅士）则不够。

aristocratie（贵族）这个词的使用也必须在这里解释解释才能让人明白。它一般指各上层团体的联合。法国贵族是一个团体，但它不等同于国家的aristocratie的全部，因为在法国贵族左右，还有一些和它一样有教养、有财富，而且有同样影响力的另一些团体存在，这些团体和法国贵族 [illegible] 国贵族是一个种姓，一个团体，不等于aristocratie。

因为法国贵族是一个种姓，和欧洲所有其他贵族类似,但这并不是说，法国人不可以通过购买或国王恩准而成为贵族。但敕封贵族虽然使一个人脱离第三阶级的社会地位，却不能成为noblesse而脱离自己的种姓。新封的可称gentilhomme，这是一个停留在两个等级界线上的团体，比他的原等级略高，比noblesse略低,他也只能从远处望一望那唯有他的子孙才能进入的福地。事实上，出身才是noblesse成员的唯一标准,人可以变成gentihomme，却永远不能变成noblesse。

在这片王国上， 两个家族构成了巨大的掌权阶级，自称在他们之间有某种建立在出身基础上的平等，拥有共同的特权。亨利四世说："我只是我的王国的首席贵族。”这句话道出了18世纪末仍盛行于法国贵族的思想，但贵族之间也存在各种巨大差异，有些人拥有大量土地，有些人则除了父亲的庄园之外几乎没什么田产。有些人在宫廷度过一生的大部分时间，有些人则在外省的某个角落，自豪地保持着世代相传的隐居生活。有些人凭借传统打开了通往国家政要的门路，而有些人做个小官后就心满意足，安静地回归故里，再也不出来为官了。

如果要准确描绘贵族阶级，就不得不用复杂的分类法，以区分佩剑贵族和穿袍贵族，宫廷贵族和外省贵族，旧贵族和新贵族。这个小团体中的差异和阶级，是整个大社会的缩影，但在社会这个大团体中也有统一的精神，整个团体都遵守那些统一的惯例，并按其运行，维护全体成员共有的思想和精神。

与中世纪时所有他国的贵族一样，法国贵族诞生于征战中，享受同样的奢华和也许更多的特权。法国贵族几乎囊括了社会所有的智慧和全部的财富：它拥有土地并统治居民。

但到了18世纪末期，法国贵族只剩下名称了，它不能再影响君主，也不能再影响人民。国王仍然从贵族中挑选政府要员，但只是在本能地遵守旧惯例，并不是承认贵族管理社会的权力。能震慑君主并保留部分治理权的贵族早就不存在了。

贵族对人民的影响变小了。皇权与贵族之间存在天然的姻亲关系，所以，他们本能或不知不觉地彼此接近。但贵族和人民联合，却不可能自然而然的，需要极大的技巧和不懈的努力才能使之产生并持续。

实际上，贵族要想保持对人民的影响，只有两种形式：统治人民或与人民联合以制衡皇权。换言之，贵族必须继续做人民的主人，或变成人民的领袖。

法国贵族绝对不是其他阶级的领袖，无法和其他阶级一起反抗专横的王权，相反，正是王权曾与人民联合，展开反对贵族专制的斗争，随后，王权又与贵族阶级联合，迫使人民屈服。

另一方面，贵族很久都不再参与政府的具体事务。贵族常常领导国家的一般事务：他们指挥军队，担任大臣，充斥宫廷；但他们并未真正未参与行政管理，也就是同人民发生直接联系的事务。法国贵族在自己的城堡里闭门不出，不为君主所知，与四周的居民格格不入，社会每天都在动荡，而法国贵族纹丝不动。在贵族周围是国王的官吏，是官吏在进行审判，制订捐税，维持秩序，为居民谋福利，并领导人民。贵族厌倦了黯淡闲散的生活，于是带着大笔财产来到巴黎，生活在宫廷，这里乃是显示他们伟大之处的唯一舞台。小贵族则被迫定居外省，过着游手好闲的生活，他们一无所为，令人厌烦。如此，贵族分化了，有些人虽无权力，但凭借财富本能对人民产生某种影响，却选择远离人民；有些人则被迫与人民为邻，但在人民眼里，他们却仿佛是贵族制度的代表——无所作为和拖累社会。

法国贵族将公共行政管理的事务交给别人，一心只追求国家的显要官职，这就说明，法国贵族热衷于权力的表象多于权力本身。

中央政府离得很远，对外政策、一般法律对公民的处境和利益的影响是间接的，常常是无形的。贵族却管理地方事务，他们与人民天天见面，持续在那些最敏感的地方[illegible]些正是人们对生活关心最深切的部分；人们敬畏贵族；贵族把人们的主要期望都吸引到自己身上；贵族通过无数无形的锁链将人们束缚住，在不知不觉中领导他们。正是在治理农村的这个过程中，贵族们奠定了权力的基础，才能领导整个国家。

对于尚存的贵族来说，是值得庆幸的，力图摧毁贵族的那股势力，并不比贵族本身更了解贵族权力的奥秘所在。如果是我想摧毁强大的贵族，就绝不会费力去清除国王身边的那些贵族；我绝不会急于进攻贵族最显著的特权；我绝不首先攻击贵族的立法大权，或提出异议；而是使贵族远离穷人的住宅，防止贵族对公民的日常利益发挥点滴的影响，宁可允许贵族参与制定国家大法，也不让贵族成为控制一座城市的警察；宁可把社会的重大事务都交给贵族去处理；我会让贵族保持高位，也就是权力的外表，却从贵族手里夺走人民的心——权力真正的源泉。

法国贵族保持了一定数量的特权，这使他们高高在上，和其他公民不同；但人们发现，在他们先辈的特权中，法国贵族只保留了那些使贵族最令人憎恨的特权，那些使贵族受人爱戴或敬畏的特权并未保留。

贵族有成为军官的特权，一般人不可成为军官。无疑，如果贵族要保持某种个人层面的强大能力或整体层面的强大精神，那么可以成为军官本是一种重要特权。但法国贵族既不想保持个人能力，也不想拥有强大的团体精神，他们在军队里和在其他任何地方一样，只是国王手里的工具罢了。贵族只想从国王处得到晋升和恩宠，所以在战场上，也像在宫廷里一样，只会取悦国王。我刚讲的这种特权，只对家族层面的贵族有利，而对作为政治集体的贵族阶级则毫无益处。在一个全民历来崇尚武功并以军事荣誉换取最高俸禄的国家，这一特权激起了对特权享有者最强烈的恨意和久久不去的嫉妒。它没有使士兵听命于贵族，却使士兵天生仇恨贵族。

出身贵族的人免缴部分捐税。而且，他们每年还对领地居民征收多种名目的杂税。这些权利并没使贵族的财富增长多少，却使他们成为人民共同仇恨与嫉妒的对象。

对贵族来说，最危险的特权就是金钱方面的。人们很容易就能看出这类特权的范围有多大，一看清楚就会十分不快。金钱方面的特权产生的金额有多少，它所激发的仇恨就有多大。追求荣誉、渴望领导国家的人，为数不多，但不想发财致富的人却少之又少。很多人并不关心是谁在统治者自己，但很少对自己的财产变化漠不关心。

所以说，金钱方面的特权比起管理社会的权力来，产生的效益很小，危害却更大。法国贵族保留了金钱方面的特权而舍弃了其他，结果，从各项不平等中，只保留了有害无益的东西。他们拿走人民的税款——这非常折磨人且使人贫穷——却不再有权力领导人民。在人民眼中看来，贵族就像受君主宠幸的外国人，而非领路人和领袖；他们既不施与也不作为，所以无法聚集民意；他们只想像以前一样得到各种好处，结果只是招来憎恶，而非敬畏。

除了带来财富权之外，法国贵族还保留了大量荣誉标志，比如爵位、公共场所中某些特定的座次、特定服装、佩带武器等。这些特权中的一部分，曾是贵族的天然附属物，另一部分则是在贵族衰落后，作为对其损失的补偿而产生的。这两部分特权没有丝毫好处，只有坏处。

贵族放弃了实质权力，却想保住权力的外表，这是个危险的把戏。生机勃勃的外表，有时能支持衰弱的身体，但更常见的是，身体最终被浮夸的外表装饰物压垮。贵族表面强大，足以招来人民的憎恨，却无法抵抗仇恨的侵犯。崛起中的力量和日趋衰落的力量都必须谢绝荣誉权利，不能追求表面荣光。只有基础稳固、力量雄厚的权威，才能将荣誉权利保持住。

我对律法和惯例的论述同样适用于舆论。那时的贵族已经抛弃了先辈们的大部分思想，却顽固地保留了其中最有害的部分；这些有害思想中最[illegible]

这种偏见产生于中世纪，那时[illegible]那些年代，拥有不动产财富等同于有权有势；相反，纯动产财富等同于地位低下和弱小。虽然从那时起，土地和统治权完全脱离，其他各种财富激增，而且重要性突飞猛进，但公众观念依然如故。产生这种偏见的原因已不复存在，偏见却得以保留。

结果，贵族的家族和其他所有家庭一样面临破产的危险，却不像其他家庭一样有发家致富的手段。从整体上看，贵族阶级越来越穷；他们抛弃了获得权力的直接途径后，也抛弃了获得权力的间接途径。

贵族不仅不能从事工商业发家致富，而且传统习惯也禁止他们通过联姻获得财富。贵族认为，娶富家平民之女是屈尊降贵。但这种姻亲并不罕见，因为贵族的财产比他们预想中减少得更快。这种庸俗联姻使某些贵族迅速富裕起来，最后却使贵族失去了最后的一丝权威。

在赞扬那些联姻贵族超越了偏见之前，我们必须注意其动机。要对其动机做出判断，必须从行动者自己的角度来看，而不是普遍绝对真理的角度。如果人们认为社会的某普遍观点是错误的，所以故意反着来，这肯定是件道德优良的好事。但因为这种普遍的偏见妨碍了自己发展而鄙弃它，就谈不上道德优良了，其实这种做法，和因为某种正确思想威胁自己而将其抛弃同样可怕。贵族开始时认为娶平民之女会降低身份，这是错误的；后来，虽然观念没变，却转向与平民联姻，这就是更大的错误了。

贵族对土地的限定继承权[①]，是封建法律保障的，而在18世纪，这法律依然有效，但这法律却没能给贵族财产带来多少收入和保护。

我更愿意相信，该法律的影响被人们夸大了。我想，该法律要产生巨大的效果，是需要特殊环境的，而法律无法产生这些特殊环境，所以其效果并没有因为该法律存在就非常可观。

贵族并不热衷于发家致富，而农民也大多满足于上帝安排给他们的命运，再加上限定继承权对人们思想的影响，结果整个社会的发展变得迟钝，甚至停滞下来。农民没有比贵族有更多的发财机会，贵族也没有机会失去财富。所以，所有的好处都落在贵族手中，并世代相传。

但是，设想另外一幅景象：如果除贵族外，所有人都努力赚钱，那么法国贵族的财产很快就会成为其他所有阶级一起瞄准的猎物，所有人都会利用贵族的无知、冲动和其他弱点，争先恐后地抢夺贵族的大量非生产性的财产，比如通过赎买等方式。这样，等不了多久，贵族自己也将迫切地主动致力于发家致富了。

平民没有特权，只能拥有财富，也只有在贵族眼前炫耀所有的豪华富足，才能在享有五花八门特权的那些贵族面前抬起头来。于是，他们开始模仿贵族，既要学贵族的阔气，又不知如何赚钱，于是很快陷入经济拮据、入不敷出的境况。最后，他们终于把愤怒转向了保护贵族的法律，尽力规避法律。我并不是说限定继承法没有延缓贵族的破产；但我认为，限定继承法的保护并不能阻止贵族破产。法律常常会起到应有的作用，但有一种东西比法律更有效，常按相反的方向起作用，这就是人类的冲动。

大革命爆发时，法国的法律仍然规定贵族有长子继承权，贵族长子有

① 所谓限定继承权，是封建欧洲时期对土地的一种特定继承权。继承人不仅要继承土地的收益，还要继承国王分派在该块土地上的义务，故只有贵族有继承土地的权利。但实际上很多平民也都有自己的土地，也要传递给自己的子孙，所以，这时要名义上由贵族来继承，再转给相应继承人，但这一倒手，就会发生很多事情。这个操作过程看起来像“替代继承”——贵族替代平民之子继承土地。——译者注

义务将家产原封不动地传给后代。但封建领地已大部分不在贵族手里，很多土地已被瓜分。贵族内部分化，有很多极富的贵族和很多极穷的贵族，这种现象和贵族制并不矛盾。但还可以看到一群既不穷也不富、拥有中等数量财产的个人，这种现象已经和贵族制不太像，而与民主制相似了。如果仔细研究贵族阶级的结构，人们就会发现，实际上，贵族成了一个民主团体，只是这个团体有特定的权利所以和其他阶级对立。

[illegible]并不是来自贵族内部的变化，而是来自贵族周围及外部发生的变化。

法国贵族日益贫困，丧失权力，同时另外一个阶级正在迅速集聚财富并靠近权力。贵族在财富和权力两个方面都失败了，所以变得越来越虚弱。就在这时，在贵族的废墟上崛起了一个气势逼人的新阶级，并称为第三阶级。

要让英国人弄明白法国贵族是怎么回事是很困难的，而要让英国人明白第三阶级指的是什么，也同样绝非易事。

人们可能认为，法国的第三阶级就是中产阶级，它介于贵族和人民之间，但事实并非如此。的确，第三阶级包括中产阶级，但它也包括那些和中产阶级格格不入的各种成分。比如，富足的商人，富足的银行家，能干的工业家，有才的作家、学者，拥有土地的农民，城市小店主，还有耕种土地的农民等，都是第三阶级的一部分。实际上，非教士、非贵族的所有人都是第三阶级，第三阶级中有富人和穷人，有文盲和学富五车的人。第三阶级本身也有自己的贵族，可以说，第三阶级包括一个民族应有的各个阶级，也可以说它自己就可以是一个完整的民族。第三阶级和特权阶级——贵族和教士——共同存在，但没有特权阶级它也独立存在。第三阶级有自己的观点、偏见、信仰和精神。1789年，第三阶级下令起草本阶级陈情书，这个事实就清晰地表明了这点。贵族害怕和第三阶级混淆，其实第三阶级几乎也同样担心和对方分不开；它之所以公开反对购买敕封贵族，是因为这会使第三阶级的某些成员混进贵族里去。三级会议召开前举行的代表选举中，本来要在第三阶级中列位参与三级会议投票的著名化学家拉瓦锡，就被从代表团中除名，理由是他已购得贵族头衔，所以失去了作为平民的投票权。

如此，第三阶级和贵族共同生活在同一土地上，同一律法下，只不过形成了两个完全不同的民族，彼此形同陌路。这两个民族，一个在不断增加既有力量，并获得新力量；另一个则每天有失无得。

法国所产生的这个新民族，威胁着贵族阶级的存在；贵族的生活完全孤立，这给贵族带来了最大的危险。

第三阶级和贵族之间彻底地分裂，这不仅加速了贵族衰弱，还摧毁了法国的整个贵族制度。

贵族制度的产生和维持并不是偶然的，和其他所有事物一样，贵族制度的产生也遵从某种自然规律，而人们可以发现这规律。

无论什么社会，都存在一定数量的财富，独立于人们制定的律法之外，这种财富或者是真实的，或者是虚拟的，因为它独立于律法之外，所以本质上与一般财富不同，只能为少数人所有。在这种财富中，我把出身、勤奋和知识置于首位。所有人都高贵、有教养和富有的社会是不可能出现的。这种财富的种类五花八门，但有一个共同特点，就是只能在少数人中分配，而因为这个原因，所有拥有这种财富的人就有了与众不同的爱好和独有的思想。这些财富是贵族的诸多成分，所以，无论是分散开来，还是集中在某些人身上，都始终存在，无论何时的任何民族都有这些成分存在。当所有具有这类特殊财富和优越条件的人同心协力治理社会时，就会有强大而持久的贵族制度。

这些财富是形成贵族制的天然成分，18世纪的法国贵族却只拥有这些成分中的某些成分，若干成分不在贵族这里。

贵族自我孤立于富有和教化的平民之外，认为自己始终忠实于先辈的榜样。他们没注意到，当自己模仿先辈榜样的做法时，却曾和先辈达到的目标越来越远。中世纪时，出身的确是所有社会权力的来源；但中世纪的贵族是富有的，而且还能把有学问的教士聚集在自己身边；整个社会都掌控在这两种人手里，当时的人认为社会就应该是这样的。

但到了18世纪，很多富足的人不是贵族，很多贵族非常贫穷，在知识方面同样如此。所以，第三阶级自然而然成了社会很重要的一部分。第三阶级成了社会的贵族，却和贵族的主体——贵族阶级——分道扬镳；由于第三阶级这个社会新贵不支持贵族阶级，所以必然削弱贵族阶级，而且还[illegible]

贵族阶级的排他性，使第三阶级中的贵族部分进入[illegible]且，那些越来越穷、越来越无知的没落贵族，本应变成第三阶级，但由于贵族的排他性所以无法成为第三阶级，等待这些没落贵族的，除了死亡还有什么别的路可选吗？

贵族阶级的大部分个体已经死亡，这不是因为贵族阶级在世界上建立了不公，而是因为它要永久维持这种不同，这使一些人得利，使另一些人受害。人们憎恨的是不同，而不是不公。由此我们知道，法国贵族的灭亡，并非因为其有诸多特权，而是其封闭性。特权本身不是什么坏事儿，对贵族阶级的存在起支持作用。做个假设，如果所有人都认为自己有一天能进入杰出人物的团体，那么，这团体的权利越大，就越能使尚未跻身其中的人觉得它更加珍贵。

贵族制度饱受诟病的特权，本身是贵族阶级的力量；如果成为贵族的机会不是那么微小，一个人的目标越远大，就越能鼓舞人心。最吸引人心的，不是有机会获得小小的成功，而是跻身另外一个阶层的可能性；提高追求的目标，也不怕失败；但是在法国，是不允许树立这种目标的。

法国穷人不可能最终掌权，而别的国家穷人还有希望掌权，正因如此，别的国家都把穷人排除在了社会管理职能之外，但法国这样做起来就很困难。在别的国家，穷人们有个幻想，觉得自己有朝一日能够掌权，这种念头在臆想中不断膨胀，持续使穷人对真实的苦难视而不见。这是一场赌博，尽管赢得可能性很小，但穷人总有可能中奖，就像希望自己中彩票一样。这种微乎其微的中奖机会，吸引着他的灵魂，对于输的可能性，则全然不顾。

法国贵族内部也有种种分裂，剑拔弩张，如同内战，而从这内战中获利的只有民主力量。第三阶级中的精英受到贵族阶级的排挤，所以，为了对贵族阶级作战，不得不依靠一些有效却很危险的方法。第三阶级中的精英和贵族阶级一起构成社会的贵族团体，其中一部分贵族对抗另一部分贵族时，不得不宣扬众生平等的思想，与敌对的、不平等的思想做斗争。

在贵族阶级内部存在的不平等，也常遭攻击，虽然贵族阶级在原则上是平等的，但某些实际上面确实也有不平等。佩剑贵族对穿袍贵族摆出傲慢，穿袍贵族则抱怨佩剑贵族的优势地位；宫廷贵族喜欢取笑农村贵族领主权利实属蝇头小利，而农村贵族则对宫廷贵族享受的恩宠感到愤怒；古老世家的贵族看不起敕封贵族，敕封贵族则妒忌古老贵族的尊荣……不同种类特权者之间互相指责，所有这些都损害着特权的总利益。人民冷眼旁观领袖间的互相指责，只从他们的言辞中取出对自己有用的部分。于是，人民中逐渐传播开人人平等的自然法则，治理良好的社会应该根据这个简单而普遍的真理进行组织。人和人互相平等的理论，深入贵族头脑，他们仍然享受特权，只是认为特权虽然不是体面的权利，却是一种福分。

一般来说，只要思想一变，社会风尚就会变，然后制度法则才会跟上。贵族制度的法则在政治社会中仍占上风，但风尚却已经变成民主的，制度法则分开的人们之间，建立起千丝万缕、各式各样的新关系。作家们时时刻刻都在争取自己的地位，这对这种混杂型的公民社会格外有利。

在财富决定贵族身份的国家里，金钱除了带来快乐之外，还能带来权力。因为这两种好处，金钱便把人的全部想象力吸引起来，可以说，金钱成了人们的唯一追求和终极荣耀。在这样的国家，文学一般非常孱弱，因为文艺才能并不能吸引公众的注意力。

在血统决定贵族身份的国家里，没有财富引起的这种普遍冲动。人们的心灵不会受同一欲望单方面的推动，所以会接受多种多样的爱好。在这样的国家里，如果还算文明开化的话，就必定有大量的人民追求精神上的享受，并推崇制造精神产品的人。雄心勃勃的人蔑视金钱，出身平民而不爱经商，所以转向研究文学作为栖身之所，他们追求文艺荣誉，因为这是他们唯一可以得到的荣誉。这样，在政治之外，他们在文学天地里为自己创造了不可辩驳的显赫地位。

[illegible]

财富，而财富则时刻都在增加或减少，所以贵族们终日提心吊胆，害怕失去自己的社会地位，害怕其他人分享贵族特权。政界常常变动，贵族的灵魂恒久不安。他们只能惴惴不安地享受自己的财富，暂时性地保住财富带来的福利。他们不断不安地审视自己，生怕丢掉些什么。他们怀疑和嫉妒地审视别人，看别人是否发生了什么变化。不管什么地方有风吹草动，都会引起他们的不安。

只有血统决定贵族的国家，不太会被诱惑，因为贵族拥有优势，且这种性质的优势既不能被分享，也不会失去。人可以变富，但不会变贵，要贵，就必须生来就贵。

法国贵族向来和作家交好，喜欢和作家接近，18世纪尤其是这样。这是个闲暇的时代，贵族被免去了治国的职责，几乎和平民无异，而知识正在传播，大家都可以享受文学这种高尚的娱乐形式。

路易十四时期，贵族尊重作家，保护他们；但实际上，贵族并没有和作家完全混杂。他们是两个阶级，虽然彼此间常常接触，但却从未融合。到了18世纪末，情况有所改变。我不是说作家被允许分享贵族的特权，也不是说作家在政界获得了公认的地位。贵族并没有召唤作家成为贵族，虽然很多贵族成了作家。而是说文学成了一个中间地带，平等便栖身于此。作家和大领主在这里相聚，惺惺相惜，而不是互相寻衅和畏惧。这里是一个世外桃源，盛行着一种想象中的民主，在这里，所有人都可以自由发挥各自的天性优势。

这种情况极大地促进了科学和文学的发展，却远不能满足醉心科学和文学的人们。的确，作家们有了显赫的地位，但并不明确，总引起争议。作家们分享大领主的喜悦，但却不能分享大领主的权利。贵族和作家彼此接近，他们能清晰地看到这种贵族出身带来的所有好处，但贵族同时和作家保持很大的距离，让作家无法分享或品尝这些好处。作家的眼前浮动着平等的幻影，当他们靠近想抓住它的时候，幻影就消失了。贵族如此宠爱作家，这是最让第三阶级嫉妒和不安的部分，因为作家们竟然可以在特权者的宫殿里批评种种特权。

这种民主倾向不仅出现在常与贵族交往的作家身上，还出现在本身就是作家的贵族身上。大多作家贵族常高谈阔论作家们推崇的那些政治学说，他们没有把贵族精神介绍进文学领域，反而把文学精神输入进了贵族阶级。

上层阶级逐渐衰落，中等阶级逐渐上升，这种无形的运动无时无刻不在进行，两个阶层一天天互相靠近，土地的分配发生了变化，其性质格外有利于建立民主制的统治。

几乎所有外国人都认为，法国的地产划分开始于大革命后继承法的改变，也就是大多数贵族领地被没收时。但这是错误的观点。革命爆发时，大多数省份的土地已被大量划分。大革命只是把部分地区的现象扩大到整个法国罢了。

土地集中在某些人手里的倾向，有多方面的力量在起作用。第一个是物质力量，征服者夺取被征服者的土地，并在少数同伙之间瓜分，以此剥夺原所有者的权利，但也许还有其他方式，比如有人自愿出让土地的权利。

我设想有这样一个民族，它有很多工商行业，产品也非常丰富，它也很有知识，所有人都可以轻易发现藏在工商业中的赚钱机会。我假设，法律、习俗与旧思想共同统治这个民族，而土地被认为是带来尊贵和权力的主要源泉。发财致富的捷径是出售土地，并用所得的资金投资商业；而反过来，把从商业中获得的资金抽出来购置土地，则是享受既得财产的最好方式。于是，土地变成了华丽的象征，是人们追求的目标，而不是贪财的对象。获取土地时，人们渴望得到的是荣誉和权力，而不是其能赚多少钱。这样一来，会有很多小片土地代售，但人们只买大片的土地，因为卖主和买主的目的和地位不同。相对来说，卖主更穷一些，卖主追求的是财富，而富有的买主则是要将大量的余钱用于享受。

[illegible]

于动产的转移，却使购买不动产的土地变得既费钱又困难，以至于只有嗜好土地的富人才能获得土地——你就能很容易明白，在这样的国家里，小块地产必将不断消失，融入大片土地中，土地的块数将逐渐变少。

随着工业手段日益增多，日趋完善，知识也不断传播，穷人们便会发现新工具，我刚才描述的运动必将加速。工商业的繁荣将更加有力地促进小块土地所有者出售土地，从而不断创造庞大的动产，而庞大的动产所有者将获得大片不动产的土地。如此，地产的过度集中现象就出现在了文明的两端，一端是：半野蛮状态时，人们只珍惜土地，而且可以说，只知道土地；另一端是：高级文明开化时，人们有无数其他方式发财致富。

我上面描绘的图景没有在法国出现。法国的野蛮人征服时代，土地从未普遍、系统地在征服者之间划分，与诺曼底人入侵英国后的情况不同。法兰克人不如诺曼底人文明开化，控制暴力的方式不如诺曼底人高明有效。而且，法兰克人征服法国的时间更早，其影响消失得也更早。所以在法国，很多土地似乎从来就没有受到过封建律法的制约，服从封建律法的土地面积似乎比其他很多欧洲国家面积都小。所以法国土地在半野蛮状态时没有聚集过，或者至少可以说，很久以前就停止聚集了。

我们看到，大革命之前很久，土地便不再是尊重和权力的主要源泉。同时，工商业的发展也不够快速，虽然人民有足够的知识和能力来设想和追求比目前更好的生活条件，但尚未发现切实可行的捷径。所以，土地不是富人的奢侈品，而是穷人的谋生之道，甚至唯一的谋生手段。有钱人出售土地是为了促进和增加享受，穷人购买土地是为财富目的。土地就这样悄悄地脱离贵族之手，开始在人民手中分割。

随着旧所有者土地的流失，大量平民花了九牛二虎之力，而且凭借极不完善的手段逐渐获得了土地。这样，大地产日益减少，大宗流动产没有形成；在大块土地的原址上，出现了很多小块领地，人们节衣缩食，惨淡经营。土地分裂方面的这些变化，极大地促进了即将爆发的政治大革命。

有些人认为，无须民事平等的存在，政治平等就能绝对存在，而且可以永久存在，我觉得这些人犯了一个致命的错误。我想，谁也不能平白无故地就使人在某些方面强大无比，同时在另一些方面弱小得可怜。让人们在某些方面极端平等，同时在其他方面极端不平等，这样过不了多久，人们肯定会渴望全面强大，或变得全面弱小。而所有不平等中，最危险的一项是不平等分地。

拥有土地的人，会有自己特殊的思想和习惯，认识这些是很重要的；因为拥有动产是不会或很难产生这些思想和习惯的。大宗地产财富的影响方式很特别，仅限于某个地方，对某些人发挥作用，但影响更大、更持久。动产的不均使某些个人富有，不动产的不均则使某些家族富有，它使有钱人互相联系，几代人互相往来，并在国家内部建立起一个独立的小民族，小民族在自己所在的大民族中，总能获得某种凌驾于大民族之上的权力。恰恰是大宗地产，对民主制政府最为有害。

相反，对民主制最有利的，莫过于把大宗土地划分成小块地产。拥有少量动产的人几乎永远受制于他人的情绪，屈从于某联合会的规章，或者某个人的意志，国家工商业命运的最细微变迁也牵动着他，富裕与穷困无常的变化不断打乱他的生活，支配他动荡的命运，经常扰乱他的思想，持续改变他的爱好。小土地所有者则不同，他可以凭自己的意志做任何事情，不受外来意志影响，虽然他做主的领域很小，但那是他自己的领域，

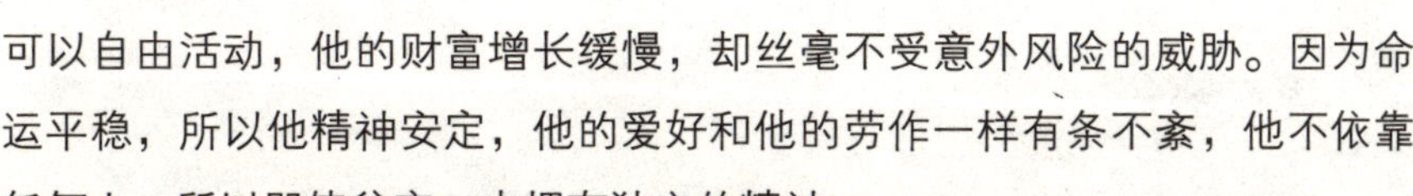

可以自由活动，他的财富增长缓慢，却丝毫不受意外风险的威胁。因为命运平稳，所以他精神安定，他的爱好和他的劳作一样有条不紊，他不依靠任何人，所以即使贫穷，也拥有独立的精神。

人们不会怀疑，公民精神的安定和这种简单的渴望，以及这种对独立的爱好和习惯，非常有利于民主制的建立和维持。当我看到人民的社会地位不平等却建立了民主制时，我就会把民主制的辉煌看作短命的。我相信，在这样的民主社会，有产者与无产者都面临危险，有产者可能随时失[illegible]

渴望民主政府的民族，总希望内部不存在贫富悬殊，尤其重要的是，土地在财富形式中不居支配地位。

18世纪末的法国，权力和地位的不平等仍在政治领域占据统治地位。法国有贵族制度和贵族阶级，甚至可以说，在以不平等为基础的所有政治制度中，法国保留了最专制也最顽固的部分，我敢这么说。要为国家服务，必须得是贵族。没有贵族身份的平民，是禁止接触国王的，各种规矩都不允许。

各种制度的具体规定都和不平等原则相一致。限定继承权、长子继承权、地租税、行会师傅身份……所有旧封建社会的残余依然存在。法国有国教，如某些贵族制国家一样，国教的神父不仅有特权，而且统治地位无法替代。像中世纪一样，教会占有部分土地，并参与社会管理。

但法国很久以来都一直在朝民主方向迈进。不愿停留在表面现象的人，一定会回忆起教士在道德上的无力、贵族的贫困和衰落、第三阶级的财富和知识、土地奇特的划分方式和事实、大量的中等财产、少量的大产业；回忆起那个时代公开宣扬的理论、未被宣扬但心照不宣的原则。我认为，如果把所有各种事实归纳一下，便一定会得出这个结论：当时的法国，这个有着贵族、国教、贵族制律法和传统的法国，总的来看，实际上已经是欧洲最民主的国家了，18世纪末的法国，在社会状况、公民组织、思想风尚等方面，已经远超今天那些看起来最有民主倾向的民族了。

第二部分

18世纪的法国和今天的法国相差无几，因为不平等状态依然存在，而且，我们自认为的很多新面貌，在当时已经隐约可见。

一般说来，贵族制最有利于地方行政制度的建立和长远发展，由贵族阶级占据的各块领土上，每处都可以找到一个或若干贵族，由于出身与财富天然高人一等，于是自然取得或接受该地的治理权。但在社会地位人人平等的社会里，公民间基本平等，但也必须将社会管理，也就是政府本身，委托给高于群众、吸引目光的那个人。即使中央政府不把这项责任交给这个人而另派他人，也常常由于该空降司令个人的软弱或难以融入当地，中央政府不得不容忍当地权威掌权。

的确，当一个民族接受了人民主权的理念，当知识已经普及，当公共管理学已臻完善，当人们已尝过集权政府的苦头，外省和外省城市就会常常自行创建某种集体政权，来处理自身事务。

特权曾给皇权带来重压，有时皇权会试图使公共行政地方化，用微妙的手段有意在各个地方建立某种选举制，使各个地方自行选举行政领袖。在民主制国家，人民本能地向中央集权制靠拢，只有凭借智慧才能走向地方自治制度，但这样建立起来的地方自治制度总要冒极大的风险。

在贵族制国家，无论中央政府如何，地方政府却常常存在，无须中央政府的介入便能生存。在民主制国家，地方政府常常是中央政府创造的，中央政府允许地方政府夺去它的某些权力，或者它自愿放弃了这些权力。

在民主国家，中央集权是一种自然倾向，在斗争和过渡时期表现得尤为明显，并会加剧。在斗争和过渡时期，中央集权和地方自治这两种原则会互相争夺事务领导权。

在贵族制国家，当人民渐渐成为一种力量，并发现贵族在领导所有地方事务时，便会攻击地方政府，不仅将其作为地方政府进行攻击，而且将其作为贵族政府进行攻击。但是，地方权力一旦从贵族阶级手中夺走，应该交给谁就成了问题。

在法国，独揽地方权力的不仅有法皇，后来的中央政府也一样。其原因很值得探讨。

我认为，社会大众有对中央集权的本能愿望，但我绝不认为人民愿意看到行政权被自然而然地集中在国王一个人手里。这都是形势所迫。当人民可以自由选择时，它永远选择把行政权委托给一个集体或民选行政官，而不愿交给一个自己无法控制的国王，但人民缺乏的常常正是这种自由选择权。

当社会大众开始感觉到自己的力量并要崛起时，它虽然人多，却是一盘散沙。他们同样软弱无力，孤立地对抗强大的贵族阶级这个集体。大众有一种本能的欲望，希望不要任何治理工具而治理社会。这一大拨人，由于力量非常分散，非常不善于联合，便本能地感到必须在自身和贵族之外的某个地方，找到一种已经形成的力量，使大众无须进行协商便能在这种力量周围齐心协力联合起来，获得分散的个人缺乏的那种能量。

但民主制在贵族制社会中无法立足，在贵族阶级之外，人民能利用的已经形成的唯一力量就是国王。国王与贵族之间确实存在着固有的相似，但并不完全一致。如果可以说国王和贵族的爱好相似，那么他们的利益却常常对立。转向民主制的民族，通常以增加王权的权限开始。人们不是不惧怕国王，只是更嫉妒贵族，何况闹革命，使权力易手已经很了不起了，虽然是从一个敌人手里夺过来转交给另一个敌人。

英国贵族很有一手，他们长期使社会各民主阶级相信，他们共同的敌人是国王，所以贵族最终变成了各民主阶级的代表，而不是他们最大的敌人。

一般来说，各民主阶级必须先依靠国王彻底摧毁贵族阶级，然后才能向国王讨还本属于他们的权力，使国王依附自己或将授予国王的权力转为依附权。

但即使当社会各民主阶级终于将行政权置于他们真正的代表手中后，

在划分行政权的行使权时，也常常很难办到，因为难于从当权者手中拿回权力，或因为不知道该转交给谁。

在民主阶级内部，总有大量有教养和能干的人，可以组成政治议会或中央政府，但却可能找不到足够的人组织省政府；外省人民可能并不愿听任贵族阶级统治，但尚无能力实行自治。到了一定时候，人们就不得不把权力的行使权委托给中央政府了。

而且，刚刚摆脱贵族压迫的人民，需要很长时间才会厌倦中央集权。

在长期经历贵族制的国家，底层阶级的每一个个体，从小便养成了两个习惯：第一，必须在周围寻找一个最能引起他羡慕或畏惧的人；第二，把中央政府看作他和当地压迫者之间的首选仲裁者，并且常以为中央政府具有超凡或类似神明的智慧。

产生这两种现象的原因消失后，现象本身却继续存在。

贵族制垮掉后很久，人民仍然出于本能畏惧地打量身边发生的一切，他们很难相信自己周围有明智和公正的司法，也很难相信自己周围有值得尊重的法律。他们曾嫉妒高踞在他们之上的人，现在则怀疑和自己平起平坐的邻居。最后，仿佛他们把自己人都吓坏了，认为中央政府不能再保护他们免受比自己高级的阶级的虐待，于是又把高于自己的阶级视为防止中央政府越轨行动的保护人。

由此可见，实行民主制的民族，几乎总是经历同一过程：先把权力集中在国王一人之手，而当他们具有一定力量和毅力时，就打碎这个工具，并把权力转给依附于他们的权威之手。

由于这个新掌权阶级更加强大，有组织，有教养，他们一接过权力便更进一步地从一般代表手里拿走部分行政权，委托给次一级的代理人。看起来，这就是那些被社会状况、思想风尚推向民主制的社会经历的过程，这个过程出于本能，也可以说是必经之路。

在法国，王权逐渐扩大到涉及一切公共行政事务，这和民主阶级的诞生和逐渐发展互相关联。社会地位更趋平等，国王便更频繁更深入地介入地方行政管理，城市和各省失去了自治权，或逐渐忘记使用特权。

人民和第三阶级则竭尽全力促进这些变化，常自动让出自己偶然拥有的权利，为了与贵族的权利同归于尽。如此，省级以下自治权和贵族的权力以同一种手段同时削弱。

在这种趋势中，历代法皇大大得力于法学家在几个世纪里的支持。法国这样的国家有特权等级，贵族与教士是民主制的敌人，聚集了大部分知识和几乎所有的财富，而法学家则成了民主制的天然领袖。法国法学家曾一直[illegible]表现出卓越的技巧和无穷的技术，为国王的专制意愿服务。我们有理由相信，法国法学家在为王权服务时，既发挥了自身固有的本领，又兼顾到了各民主阶级的利益，虽然他们是偶然的机会才成为其领袖的；而且，这种现象并不是法国独有的。

居维叶说：有机体的各部分之间存在必然的联系，所以只要接触一个部分，就能还原整体。这个说法可以用来了解支配所有事物的大部分普遍规律。

如果人们仔细翻阅人类的一切历史，就不难发现，在所有文明国家发号施令的专制君主身边，几乎总有一个得力的法学家，对君主专横而自相矛盾的意志进行协调并使之合法化。法学家们把所有国王对权力的无限热爱与法学家们天生自带的条理和知识相结合。国王能迫使人暂时驯服，法学家则有本领使人们几乎心甘情愿地长期服从。前者提供强权，后者提供律法保障；前者靠专横统治，后者则靠法律统治。他们联手建立的专制制度无懈可击，使人们说不出反驳的理由；只知有暴君而不知有法学家的人，对专制暴政只是一知半解。必须同时考虑这两个部分，才能想象出整体。

除了刚刚讲过的一般原因外，还有很多其他偶然的次要原因，它们使所有权力向国王手里集中的速度越来越快。

巴黎很早便取得了压倒王国其他地区总和的独特地位。除了巴黎，法国还有一些别的大城市，但人们只能看到巴黎这一座大城市。从中世纪开始，巴黎就变成知识、财富和王国政权的中心。权力集中于巴黎，这个城市的重要性与日俱增，而巴黎的强盛反过来又促进了权力的集中。国王将国家事务吸引到巴黎，而巴黎则把国家事务引向国王。

法国从前的某些省份是通过条约或武力获得的，这些省份明显不同，长期以来都像不同的民族。随着中央政府使王国的不同部分服从于同一行政制度，它们之间的差异逐渐消失。差异消失了，中央政府发现，这更有利于把活动范围扩展到整个国家。所以，国家统一和政府集权是互相促进的。

18世纪末，法国分为32个省。其中13个省的最高法院在各省自作主张，以不同的方式解释法律。各省的政治体制也五花八门，有些仍然保持着代议制，有些则始终没有实行。有些省采用封建法，有些省则采用罗马法。所有这些差异都只是表面的、外在的。实际上整个法国都是一个灵魂。从王国的这一端到另一端，流行着同样的思想精神，盛行着同样的习俗，发表同样的意见，人民的精神也受到同样的教育，走向同一方向。总之，法国虽然有很多省、很多最高法院、很多种民法、很多种奇异的习俗，但他们无疑已成为内部联系最紧密，必要时最能团结一致共同活动的欧洲民族了。

法国成功地协调着各个部分，这个伟大国家的中心是王权，王权先是掌握了重大事务的领导权，现在已向琐细杂事的管理权伸出手去。

所有强大的政府都试图实行中央集权制度，但成功的程度则取决于政府的固有性质。

议会的权力压倒一切权力时，这不是中央集权制，有名无实，因为议会只有法律武器，而法律无法预料一切，即使预料到一切，实行时也只能靠官员和持续的监督，但立法权怎么监督官员？议会集中社会管理权，却不能集中行政。

英国议会有权介入几乎所有大小社会事务，却从未听说行政集中，国家权力始终给个人意志留下很大的空白。我想，这并不是因为英国议会这个大团体天性好节制，地方自由的存在并不是因为议会尊重地方自由，而是因为身为立法权，它找不到有效制度去制衡地方自由。

相反，行政权有力压倒一切权力时，统治者便有能力使其全部意志顺利执行，中央政府便能逐渐将其影响扩展到一切事务，在它自己的政体中不受任何限制。如果这种政权出现在一个一切都自然趋向于中央的民族中——在这里，单个公民无法单独反抗，而几个公民又不知如何合法地[illegible]法——那么人们便不知道专制暴政的界限了。专制政府在处理了国家大事以后，为什么不能进一步支配家庭事务呢?

1789年以前，法国呈现的便是这样一幅画面。王权已直接或间接地夺得一切事务的领导权，并可以真正为所欲为了。

在大多城市和省份，王权已完全取消了地方行政权，在其他地方，王权也没有留下更多的东西。法国形成了欧洲民族中最统一的民族，行政程序最完善，后来称为中央集权的制度也达到了登峰造极的地步。

我刚才已经说明，法国政体继续趋向专制，但同时出现了一个奇怪的反面现象：法国的习惯和思想日益变得自由。自由从政治制度中消失了，但在风尚中保留下来，仿佛他们所有人都继承了国家在各个大团体那里失去的自由。自由的保障越少，对于个人来说就越珍贵。

打败主要敌人之后，王权便自动止步了，它的胜利使它变得温柔，似乎它的争斗只是为了夺取权力，而不是为了使用它。

如果认为法国的自由精神是在1789年的大革命中诞生的，人们就犯了一个最容易犯的严重错误。自由精神在任何时代都是法国人的突出特征。自由精神每隔一段时间就显示一次，这种断断续续的出现，与其说是经过深思熟虑的，不如说是出于本能，它来去无常，既猛烈又虚弱。

从来没有任何贵族比法国的封建贵族在思想和行动上更高傲，更独立。民主自由精神在法国最为激烈，尤其是从中世纪法国公社时到17世纪初（1614年）的各时期，那时召开的历届三级会议中表现出的民主自由精神最为强烈，简直就像粗野。

即使王权继承了所有权力，人民服从它，但并不卑躬屈膝。

必须把服从和服从的原因区别开来。有些民族屈从国王的专横，因为他们相信国王有绝对的统治权；另一些民族则把国王看作国家的唯一代表，或上帝在世间的代表；还有些民族崇拜贵族专制政治后的寡头王权，怀着某种夹杂欢乐与感激的宁静服从。在这些不同种类的服从中，无疑会遇到一些偏见，它们说明人的理智不足或思想错误，却并不说明心灵卑下。

17世纪的法国人不是服从国王，而是服从王权。他们服从国王不是因为他们认为国王强大，而且因为他们认为国王仁慈合法。如果我可以这样说的话，他们在服从的同时，仍然保持对自由的追求。他们的服从中夹杂着某种独立、坚定、敏感、任性和易怒的成分，这些成分足以说明，他们在接受一个主人时，仍然保持着自由精神。所以，虽然这位国王能任意支配国家的财富，但他在约束人们最小的行为或管理最小的舆论时，常常会显得无能为力；人民反抗时会得到社会风尚的保护，常常比自由国家的公民受到的法律保护更加有效。

但一直自由的民族，或后来获得自由的民族，是不能理解这些感情和思想的。前者从未体会过，后者则遗忘已久，二者在对专横权力的服从中，只能看到可耻的卑躬屈节。那些尝过自由后又丧失的民族，确实具有卑躬屈节的特征，而从未获得自由的民族，服从常常是一种必须遵从的道德。

18世纪末，法国人始终引以为傲的独立精神发扬光大了，但性质完全改变。法国人的自由概念，在18世纪经历了彻底的改造。

自由实际上能以两种形式在人类精神中产生，它可以是人们共同的权利或由某些人独享的特权。人们想在全部或部分行动中自由，并不是因为所有人都有保持独立的权利，而是因为这些人有保持独立的特殊权利，这便是中世纪的人们理解的自由。在贵族制社会里，人们大多也这样理解自由。贵族社会里，社会地位极不平等，而人类精神一旦习惯于特权，便会将世上的所有财富的使用权都列入特权范围。

既然这种自由概念只和设想出它的人或其所属的阶级有关，它便能在普遍缺乏自由的国家里存在。有时甚至发生这样的情况：人们得到的自由越少，对自由的热爱就越强烈。物以稀为贵。

这种贵族式的自由概念，接受了它，人们就会产生对个人价值的狂[illegible]念是个别人创造出来的，但它常能使人有最高尚的行为；当它被全民采纳时，便创造出了历史上最伟大的民族。

罗马人认为，人类中，只有他们才应享有独立；他们相信自由权绝非来自人性，而是来自罗马。

按照现代概念——民主，即对自由最准确的诠释，既然人们从自然中领悟到为人处世的那些知识，那么也知晓平等自由的权利同样是自然所赋予的，这个权利只关乎个人，独立于他人之外，并有权任意支配自己的命运。

自从这种自由观念深入人心并牢牢扎根时，独裁专横的政府只不过是一种物质现象或暂时偶然的现象罢了。因为既然每个人拥有绝对的权利，那么，最高意志只能来自全体人民的意志。从此，服从也失去了它的道义性，要么是公民，要么是奴隶，再也没有中间道路。

随着人民地位平等化，这种自由观念必然要占上风。

但法国早就不是中世纪了，思想风尚已经转向民主方向，但人们普遍接受的是封建贵族式的自由观念。人们在保护自己的独立性不受政府约束时，着重保卫的是个人的特权而想让权力普及，在斗争中，他们也不靠理念行事，而是靠实力。

15世纪，某些思想冒进的人曾抓住过民主的影子，但它几乎立刻就消失了。只有到了18世纪，才能说发生了变化。

每个个体，甚至每个民族，都有支配自身行为的权利；这个定义不全面、表达不妥的模糊概念，逐渐被所有人的思想接受。它以一种理论的形式存在于有教养的阶级中；它仿佛本能在民间流传。结果，人们奔向自由的冲劲儿更加强大了。法国人对独立的追求，从盲目的热爱发展到了有体系的理论，这种主张逐步扩大，终于把王权也拉了过来。王权在理论上永远倾向于专制，但它开始在行动上默认权力莫大于公众感情。路易十五说："任命大臣的是我，但将他们免职的是人民。"最后，路易十六在狱中也表露出他内心最深处的想法，在谈起他的臣民时，仍然称他们为"我的同胞们"。

人们在18世纪第一次听到对普遍的人类权利的探讨，所谓普遍的人类权利，就是人人都能将其作为合法的、不可剥夺的财富进行均等享受的权利；普遍的自然权利，就是每个公民都能拥有的权利。

大革命前20年的1770年，马尔泽尔布[①]代表最高法院对国王说："陛下，您的王冠来自上帝，但您没有理由不高兴地相信，您的权力也来自臣民的自愿服从。在法国存在着某些权利，属于人民，不可侵犯。您的大臣们不敢对您否认（人民自愿服从您）这一事实，如果必须证明，我们只有请陛下本人自己提供证据了。不，陛下，人们费尽力气也不可能使您相信，法国人民和被奴役的人民之间没有任何差别。"

此外，这种热爱自由的情感是通过文学，而不是通过律法，是通过个人努力，而不是集体行动来表达，它的反抗常常幼稚、无理性，而不是严肃而有条理的。

舆论是有力量的，惯常打压舆论的人也承认这点，但这种力量时强时弱，而且大起大落，第一天强大无比，第二天就会细若游丝；它可以包含一切，又可以不断变化，难以琢磨，就像器官还没有发育的胚胎。它是人民主权的影子，而不是人民主权本身。

① Malesherbes，法国书业总监，和卢梭交友甚笃。因为他，法国18世纪中叶的报刊取得了一种半自由（Semi-liberty）。——译者注

我想，所有热爱和向往自由的民族，在还没建立自由制度时，情况便是这样。

我并不是认为，没有政治自由制度的国家里，人们无法享受某种形式的独立。风尚和舆论就能给人独立。但在这样的国家里，人们不能保证永远自由，因为他们不能保证自己永远都在争取自由。有时，最热爱独立的民族也选择把独立看作次级奋斗目标。自由制度的最大用途是，当人的精神对自由漠不关心时，继续担当自由的后盾，这样，自由得以延续，就像保证即使人们一时厌恶自由，也不会丧失自由。我认为这是自由制度最主要的优点。当人民执意要做奴隶时，谁也无法阻止他们成为奴隶；但我认为，自由制度能独立支撑一段时间，无须人的参与。

18世纪末，法国面貌呈现出以下主要特点：比起当时的任何民族来，法国都拥有更少的穷人、更少的富人、更少的强者和更少的弱者；无论政治状况如何，平等的理念已在人民的思想中扎根，对平等的热爱掌控着人心；比起任何其他国家，法国内部联合更加紧密，它服从一个更加集中、更加精明、更加强大的政府；法国的自由精神永远生机勃勃，而近来更是变得更加普遍、系统、民主，更不满于现状。

如果我们合上历史书，让时光回溯50年，再去研究50年前的一切，就会看到法国发生了巨大的变化。但在这些新奇而陌生的变化中，我们很容易就能看到半个世纪前的各种特征在现在这个社会里显现，给我们深刻的印象。人们通常是夸大了法国大革命的成果的。

无疑，世界上从来没有一次革命比法国大革命更加猛烈、更加迅速，更有破坏力和创造力。但是，如果认为大革命简直产生了一个全新的法国民族，如果认为大革命建起的上层建筑的基础在革命前并不存在，那就大错特错了。大革命创造了大量派生的、次要的事物，但它的主要事务在旧制度中就已经存在并萌芽，只不过大革命使其进一步发展了。大革命对一个重大动机的结果加以整理、协调和法制化，但它不是动机本身。

在旧法国，社会地位比任何国家都更平等；大革命加强了平等，并把平等写进了法律。旧法国比所有其他民族更早、更彻底地抛弃了中世纪的分裂与封建特点；革命则最终把国家的不同部分统一起来，形成单一的整体。在旧法国，中央政府比世界上任何其他国家更严密地控制地方行政；大革命则使中央政府更加灵活、强大，更有所作为。旧法国比其他民族更早、更清晰地构建出自由、民主的思想；大革命给人民的即使不是权力的全部实质，至少也是权力的所有外表。如果说大革命后产生了新事物，也只是产生了这些事物的新形式，相同的原则和本质在发展的新阶段的新形式。

即使没有大革命，革命后发生的一切也会发生，我对此深信不疑。革命只是一个迅猛的过程，能迅速使政治适应社会，使事实适应思想，使法律适应风尚。

法国人保留了旧社会的哪些部分？构成教士、贵族和第三阶级的那些成分，后来到哪儿去了？新的行政体系中的权力划分形式取代了旧君主制时的权力划分形式，那么旧时的划分形式是什么样子的？新社会中的贵族利益和民主利益采用了哪些新形式？土地不动产发生了哪些变化，这些变化产生了哪些后果？人民的整体思想、习惯、风俗、精神都发生了哪些变化？

这些问题将是以下信件中要讨论的主题。

◎自由引导人民

1830年7月26日，法国国王查理十世取消议会，巴黎市民纷纷起义。27～29日，为推翻波旁王朝，市民与保皇党展开了战斗，并占领了皇宫。史称“光荣的三天”。

◎二月革命

1848年2月22日，法国二月革命爆发。二月革命是推翻七月王朝，建立第二共和国的资产阶级革命。七月王朝是由银行家、交易所经纪人、铁路大王、大矿主、大森林主、大地主组成的金融贵族执政的政权。